O PODER DA ORAÇÃO

O PODER DA ORAÇÃO
Rezar com Nossa Senhora

Volume 5

Projeto Editorial: Pe. Flávio Cavalca de Castro, C.Ss.R.
Seleção: Pe. Carlos Eduardo Catalfo, C.Ss.R.
Colaboração: Elizabeth dos Santos Reis
Pe. José Oscar Brandão, C.Ss.R.
Diagramação: Alex Luis Siqueira Santos

ISBN 85-369-0047-4
1ª edição: 2006

IMPRIMA-SE
Por comissão do Arcebispo Metropolitano de Aparecida,
Dom Raymundo Damasceno Assis, Pe. Carlos da Silva, C.Ss.R.
Aparecida, 11 de maio de 2006

5ª impressão

Todos os direitos reservados à **EDITORA SANTUÁRIO** — 2021

Rua Pe. Claro Monteiro, 342 – 12570-000 – Aparecida-SP
Tel.: 12 3104-2000 – Televendas: 0800 - 0 16 00 04
www.editorasantuario.com.br
vendas@editorasantuario.com.br

Oh, vinde, Espírito Criador,
nossas almas visitai
e enchei nossos corações
com vossos dons celestiais.

Vós sois chamado o Intercessor,
do Deus excelso o dom sem par,
a fonte viva, o fogo, o amor,
a unção divina e salutar.

Sois doador dos sete dons
e sois poder na mão do Pai,
por ele prometido a nós,
por nós seus feitos proclamai.

Nossa mente iluminai,
os corações enchei de amor,
nossa fraqueza encorajai,
qual força eterna e protetor.

Nosso inimigo repeli,
e concedei-nos vossa paz;
se pela graça nos guiais,
o mal deixamos para trás.

SUMÁRIO

Introdução 15

Iniciação mariana 19
    Ave-Maria 19
    Salve-Rainha 19
    Saudação angélica 19
    Rainha do céu 20
    Magnificat 21
    O rosário de Maria Santíssima 22
    Como rezar o terço 29

Antífonas e invocações a Nossa Senhora 31
    A vossa proteção 31
    De Nossa Senhora – I 31
    De Nossa Senhora – II 31
    Hino a Maria 31
    Invocações a Maria antes de ler a Bíblia 32
    Invocações a Nossa Senhora 33
    Invocações a Nossa Senhora Aparecida 33

Consagrações a Nossa Senhora 35
    A Maria 35
    A Nossa Senhora 35
    A Nossa Senhora da Conceição Aparecida ... 36
    A Nossa Senhora, mãe dos vocacionados 37
    Ao Imaculado Coração de Maria 37

Consagração do mundo ao Coração Imaculado
de Nossa Senhora 38
Consagração oficial
a Nossa Senhora Aparecida 38
Consagração pessoal a Nossa Senhora 39
Consagração, uma nova efusão 40
Renovação da Consagração à Imaculada
Conceição 40
Renovação da Consagração
a Nossa Senhora Aparecida 41

Orações a Maria 43
   A Maria – I 43
   A Maria – II 43
   A Maria – III 43
   A Maria Imaculada, esposa
   do Espírito Santo 44
   A Maria, causa de nossa alegria 44
   A Maria, mãe de Jesus 45
   A Maria, nossa mãe 46
   A Maria, templo do Espírito Santo 46
   A Maria, Virgem sem mancha 47
   A Nossa Senhora 47
   À provação de Maria 48
   A santa Maria 49
   Ave, Maris Stella 49
   Contemplar o Espírito 50
   Eu te saúdo, Maria 50
   Glórias de Maria 51
   Invocação a Mariama 52
   Lembrai-vos – I 54
   Lembrai-vos – II 54
   Maria, ó mãe da graça 54

Maria, Rainha de misericórdia 54
Maria, tu és bela! 55
Minha Nossa Senhora 57
Momento de oração com
a Virgem Santa Maria 57
Nós te coroamos 58
Oração de louvor a Maria 59
O segredo de Maria 60
Pelo Brasil 61
Prece a Maria – I 61
Prece a Maria – II 61
Salve, rainha do céu – Ave regina coelorum .. 62
Santa mãe do Redentor – Alma redemptoris
mater 62
Saudação mariana 63
Stabat mater 64
Súplica a Maria 66
Vim apenas te ver 66

**Orações invocando os títulos
de Nossa Senhora 69**
À Imaculada – I 69
À Imaculada – II 69
À Imaculada – III 69
À Imaculada – IV 70
À mãe da perseverança 71
A N. Sra. Aparecida – I 71
A N. Sra. Aparecida – II 72
A N. Sra. Aparecida – III 73
A N. Sra. Aparecida – IV 74
A N. Sra. Aparecida, pela Igreja do Brasil 75
A N. Sra. Auxiliadora – I 76
A N. Sra. Auxiliadora – II 77

A N. Sra. Consoladora 77
A N. Sra. da Ajuda 78
A N. Sra. da Abadia 78
A N. Sra. da Agonia 79
A N. Sra. da América 80
A N. Sra. da Assunção – I 80
A N. Sra. da Assunção – II 82
A N. Sra. da Assunção – III 82
A N. Sra. da Boa Viagem 83
A N. Sra. da Cabeça – I 84
A N. Sra. da Cabeça – II 84
A N. Sra. da Conceição 85
A N. Sra. da Conceição Aparecida 85
A N. Sra. da Conceição Montesina ... 86
A N. Sra. da Consolação – I 87
A N. Sra. da Consolação – II 87
A N. Sra. da Consolação – III 88
A N. Sra. da Defesa 88
A N. Sra. da Divina Providência 89
A N. Sra. da Glória – I 90
A N. Sra. da Glória – II 91
A N. Sra. da Guia 91
A N. Sra. da Luz 92
A N. Sra. da Medalha Milagrosa 93
A N. Sra. da Paz – I 93
A N. Sra. da Paz – II 94
A N. Sra. da Paz – III 95
A N. Sra. da Penha – I 96
A N. Sra. da Penha – II 96
A N. Sra. da Salete 97
A N. Sra. da Saúde – I 97
A N. Sra. da Saúde – II 98
A N. Sra. da Saúde – III 99

Sumário

A N. Sra. da Saúde – IV 99
A N. Sra. da Visitação 100
A N. Sra. das Graças – I 100
A N. Sra. das Graças – II 101
A N. Sra. das Graças – III 102
A N. Sra. de Fátima – I 102
A N. Sra. de Fátima – II 103
A N. Sra. de Guadalupe 104
A N. Sra. de Loreto 104
A N. Sra. de Lourdes – I 106
A N. Sra. de Lourdes – II 106
A N. Sra. de Nazaré 108
A N. Sra. Desatadora dos Nós 108
A N. Sra. Dispensadora de todas as graças 108
A N. Sra. do Bom Conselho 110
A N. Sra. do Bom Parto – I 110
A N. Sra. do Bom Parto – II 111
A N. Sra. do Brasil 111
A N. Sra. do Café 112
A N. Sra. do Caravaggio 113
A N. Sra. do Carmo – I 113
A N. Sra. do Carmo – II 114
A N. Sra. do Carmo – III 114
A N. Sra. do Carmo – IV 115
A N. Sra. do Cenáculo 116
A N. Sra. do Desterro – I 117
A N. Sra. do Desterro – II 116
A N. Sra. do Divino Pranto – I 118
A N. Sra. do Líbano 118
A N. Sra. do Montserrat – I 119
A N. Sra. do Montserrat – II 119
A N. Sra. do Ó 120
A N. Sra. do Perpétuo Socorro – I 121

SUMÁRIO

A N. Sra. do Perpétuo Socorro – II 122
A N. Sra. do Perpétuo Socorro – III 122
A N. Sra. do Perpétuo Socorro – IV 123
A N. Sra. do Perpétuo Socorro – V 123
A N. Sra. do Perpétuo Socorro – VI 124
A N. Sra. do Pilar 125
A N. Sra. do Rocio 126
A N. Sra. do Rosário – I 126
A N. Sra. do Rosário – II 127
A N. Sra. do Sagrado Coração 127
A N. Sra. do Sagrado Coração de Jesus 128
A N. Sra. do Santíssimo Sacramento 129
A N. Sra. dos Impossíveis 129
A N. Sra. dos Navegantes 130
A N. Sra. dos Remédios – I 130
A N. Sra. dos Remédios – II 131
A N. Sra. Mãe do Terceiro Mundo 132
A N. Sra. Medianeira 133
A N. Sra. Rainha dos Anjos 134
A N. Sra. Rosa Mística – I 135
A N. Sra. Rosa Mística – II 135
A N. Sra. Mãe da Misericórdia 136
A N. Sra. Mãe de Deus 136
A N. Sra. Mãe dos Homens 138
À Santa Mãe de Deus 138
À Santa Mãe de Deus e nossa 139
À Santíssima Virgem 140
À Senhora do Silêncio 141
À Virgem do Silêncio 142
Rosário de Nossa Senhora
do Perpétuo Socorro 143
Salmo à Imaculada Conceição 143

Ladainhas a Nossa Senhora 145
  À Imaculada Conceição 145
  Ao Imaculado Coração de Maria 147
  De Nossa Senhora – I 149
  De Nossa Senhora – II 152
  De Nossa Senhora – III 153
  De Nossa Senhora – IV 155
  De Nossa Senhora Aparecida 156
  De Nossa Senhora das Dores 157

Orações em ocasiões especiais 161
  À virgem do meio-dia 161
  Bênção para as mães gestantes 161
  Da criança a Maria 163
  De maio – I 163
  De maio – II 164
  De maio – III 164
  Dos Bispos do Brasil, por nossa Pátria 165
  Na festa da akátistos 162
  Oração missionária 165
  Para o meio-dia 166
  Para obter uma boa morte 167
  Pedindo uma boa morte 167
  Pela Academia Marial 168
  Pelos alcoólatras 168
  Pelos estudos 169
  Pelos que viajam de avião 170

Orações a Nossa Senhora pelas vocações...... 171
   À Senhora Aparecida pelas vocações 171
   Pelas vocações – I 174
   Pelas vocações – II 174
   Pelas vocações – III 175
   Oração vocacional 172
   Para conhecer a própria vocação 173

Ler a Bíblia quando 177

Quando rezar os Salmos 178

INTRODUÇÃO

ORAÇÃO É UM ENCONTRO DE AMOR

Deus ama você.

Deus ama você com um amor maior. Foi por isso que Deus criou você e quer fazê-lo feliz. Foi por isso que Deus criou tudo o que existe. Deus é bom.

Foi Jesus quem nos ensinou que Deus é nosso Pai. Jesus mesmo chamava Deus de *Abba*, que em hebraico quer dizer Pai.

Você também pode chamar Deus de Pai. Pode confiar nele, porque ele quer ajudar você a ser feliz.

A oração é nosso encontro com Deus. Ele nos ama e compreende. Você pode falar com ele, pode dizer com toda a simplicidade que o quer bem, que está contente porque ele é seu Pai. Pode dizer que precisa dele. Você pode conversar com ele para dizer até o que nem era preciso dizer, porque ele é seu Pai, é seu Amigo. Ele vê dentro de seu coração e sabe tudo antes de você dizer. Mas ele quer conversar com você. Oração é ficar perto de Deus.

Você pode estar sempre junto de Deus, mas, pelo menos de vez em quando, você precisa prestar mais atenção em Deus. Conversando mesmo com ele. E conversar é falar e ouvir.

Para você viver esses encontros de amor com Deus é bom pedir a inspiração do Espírito Santo.

Essa inspiração que, na verdade, são os dons do Espírito Santo: sabedoria, entendimento, conselho, fortaleza, ciência, piedade e temor de Deus, irão ajudá-lo a falar e ouvir, saber conversar com Deus. O Espírito Santo faz você conhecer esse Deus que é amor, que é Pai.

Oração é:
– estar com Deus,
– ouvir o que ele diz,
– dizer que você o quer bem,
– agradecer o que ele fez por você,
– pedir o que você precisa,
– pedir perdão.

Como conversar com Deus
É só Deus mesmo que pode ensinar você a conversar com ele. Contanto que você escute e responda. A gente aprende a conversar conversando.

– CONVERSE SEMPRE COM DEUS, em qualquer lugar, sempre que você se lembrar dele. Converse no coração. Ninguém precisa saber que você está conversando com Deus.

– DE VEZ EM QUANDO, PARE UM POUCO para conversar mais devagar com Deus. Para não se esquecer, marque um horário certo para esse *encontro com Deus*. E dê um jeito de não faltar.

– ARRANJE UM LUGAR QUIETO para sua conversa com Deus.

– COMECE PEDINDO QUE ELE AJUDE NA CONVERSA. E depois deixe um tempinho para ele falar. Aos poucos ele vai ensinar a você muitos jeitos de conversar com ele.

– PARA OUVIR A DEUS, VOCÊ PODE LER UM POUCO. Ou do Evangelho, ou deste livro, ou de qualquer outro. Mas não leia só com os olhos. Leia também com a boca e o coração. Leia devagar.

– PROCURE VER O QUE DEUS QUER DE VOCÊ, o que ele acha das pessoas, dos acontecimentos e das coisas.

– VÁ RESPONDENDO E DIZENDO o que você pensa, o que você quer, o que está faltando, se você está alegre ou se está triste.

– PARA AJUDAR NA CONVERSA, você pode ir repetindo bem devagar alguma oração que você sabe de cor, ou alguma oração deste livro. Ou até pode cantar alguma coisa.

– FALE TAMBÉM COM SEU CORPO. Com sua posição, mostre o que você está fazendo. Faça gestos. Feche os olhos, se isso ajudar você a prestar mais atenção.

– QUANDO ACABAR A ORAÇÃO, sua conversa com Deus, agradeça o encontro e prometa voltar logo.

Padre Flávio Cavalca de Castro, C.Ss.R.

INICIAÇÃO MARIANA

AVE-MARIA
Ave, Maria, cheia de graça, o Senhor é convosco, bendita sois vós entre as mulheres e bendito é o fruto de vosso ventre, Jesus. Santa Maria, Mãe de Deus, rogai por nós, pecadores, agora e na hora de nossa morte. Amém.

SALVE-RAINHA
Salve, Rainha, Mãe de misericórdia, vida, doçura e esperança nossa, salve. A vós bradamos, os degredados filhos de Eva. A vós suspiramos, gemendo e chorando neste vale de lágrimas. Eia, pois, Advogada nossa, esses vossos olhos misericordiosos a nós volvei, e, depois deste desterro, mostrai-nos Jesus, bendito fruto de vosso ventre. Ó clemente, ó piedosa, ó doce Virgem Maria. Amém.

SAUDAÇÃO ANGÉLICA
(Esta oração pode ser rezada de manhã, ao meio-dia e à noite, conforme costume cristão.)
– O anjo do Senhor anunciou a Maria.
– E ela concebeu do Espírito Santo.
Ave, Maria...
– Eis aqui a serva do Senhor!
– Faça-se em mim segundo vossa palavra.
Ave, Maria...
– E o Verbo de Deus se fez carne.

– **E habitou entre nós.**
Ave, Maria...
– Rogai por nós, Santa Mãe de Deus.
– **Para que sejamos dignos das promessas de Cristo.**

OREMOS: Senhor, nós vos pedimos: Derramai vossa graça em nossos corações, para que nós, que conhecemos pela anunciação do anjo a encarnação de vosso Filho Jesus Cristo, cheguemos, por sua paixão, morte e ressurreição, à eterna salvação. Pelo mesmo Cristo, nosso Senhor.
– **Amém.**

RAINHA DO CÉU

(Durante o Tempo Pascal, em vez da Saudação Angélica, reza-se esta:)

– Rainha do céu, alegrai-vos! Aleluia!
– **Porque quem merecestes trazer em vosso puríssimo seio, aleluia! Ressuscitou, como disse, aleluia! Rogai a Deus por nós, aleluia!**
– Exultai e alegrai-vos, ó Virgem Maria! Aleluia!
– **Porque o Senhor ressuscitou verdadeiramente, aleluia!**

OREMOS: Ó Deus, que vos dignastes a alegrar o mundo com a ressurreição de vosso Filho Jesus Cristo, Senhor nosso, concedei-nos, nós vos suplicamos, que por sua Mãe, a Virgem Maria, alcancemos a alegria da vida eterna. Por Cristo, nosso Senhor.
– **Amém.**

MAGNIFICAT *(Lc 1,46-55)*

A minh'alma engrandece ao Senhor,
e se alegrou meu espírito em Deus, meu Salvador,
pois, ele viu a pequenez de sua serva,
desde agora as gerações hão de chamar-me de bendita.
O Poderoso fez em mim maravilhas
e Santo é seu nome!
Seu amor, de geração em geração,
chega a todos que o respeitam.
Demonstrou o poder de seu braço,
dispersou os orgulhosos.
Derrubou os poderosos de seus tronos
e os humildes exaltou.
De bens saciou os famintos
e despediu, sem nada, os ricos.
Acolheu Israel, seu servidor,
fiel a seu amor,
como havia prometido a nossos pais,
em favor de Abraão e de seus filhos, para sempre.

O ROSÁRIO DE MARIA SANTÍSSIMA

O rosário completo é composto de quinze dezenas, mas é dividido em quatro partes distintas, cada qual contendo cinco dezenas. A primeira parte compreende os cinco fatos alegres da vida de Jesus e de Maria; a segunda parte relembra cinco acontecimentos dolorosos; e a terceira parte relembra cinco fatos gloriosos.

Começa-se fazendo o sinal da cruz.

Depois diz-se o Credo, um Pai-nosso e três Ave-Marias, seguindo a parte do terço que fica próxima da cruz.

A seguir, recorda-se o "mistério", rezam-se um Pai-nosso, dez Ave-Marias e um Glória ao Pai. Isto perfaz uma dezena, e todas as outras dezenas são rezadas do mesmo modo, meditando-se em cada dezena um mistério diferente. No fim do rosário pode-se rezar a Salve-Rainha.

Os fatos ou mistérios do rosário são cenas da vida de Jesus e de Maria. Meditando nessas sublimes verdades, chegamos a um melhor entendimento de nossa religião: a Encarnação do Senhor, a Redenção e a vida cristã, presente e futura.

Oração Inicial

Ó Pai, dirijo-me a vós neste momento com toda a minha fé. Quero que meu coração esteja aberto a vossa presença amorosa.

Disponho-me a rezar este terço, meditando os mistérios principais de minha redenção e da redenção da humanidade, trazida a nós por meio de vosso Filho, Jesus Cristo.

Quero assim mergulhar em vosso infinito amor, tão presente no meio de nós. Vosso Filho Jesus é vosso amor entrando em minha vida e em nossa existência. Quero também que vosso Espírito Santo me conduza e me inspire.

Maria Santíssima, Senhora da Conceição Aparecida, ajudai-me a obter as graças necessárias para minha salvação. Amém.

Salve-Rainha (ver p. 25)

Oração Final
Pai, fiquei muito feliz em poder falar convosco, meditando os mistérios de nossa redenção. Agradeço-vos todos os bens que de vós recebi. São muitos. Vossa bondade é infinita. Vosso amor me toma e me envolve, sem mesmo que eu perceba. É como o raio do sol: nos aquece sem nada esperar em troca. Obrigado também por terdes escolhido Maria, Filha predileta de vosso plano de amor. Abençoai a mim e a minha família e guardai-nos todos em vosso amor. Amém.

Mistérios da Alegria
(Dias da semana: 2ª feira e sábado)
"A alegria da vinda de Jesus"

1º Mistério
Anunciação do anjo a Maria: "O anjo Gabriel anuncia a Maria que ela é a escolhida do Pai para ser a Mãe de Jesus" (Lc 1,26-28).

2º Mistério
Visita de Maria a Isabel, sua prima: "Maria sai apressadamente para uma cidade de Judá, à casa de Isabel" (Lc 1,42-43).

3º Mistério
Nascimento de Jesus: "Enquanto Maria e José estavam em Belém, completaram-se os dias para o nascimento. E ela deu à luz seu Filho Primogênito e o envolveu em faixas" (Lc 2,6-7).

4º Mistério
Apresentação de Jesus no templo e purificação de Maria: "Maria apresenta Jesus no templo e escuta a dura profecia de Simeão a respeito de Jesus" (Lc 2,34-35).

5º Mistério
Encontro de Jesus no templo: "Mas o Menino ficou em Jerusalém, sem que seus pais o notassem. Eles voltaram a Jerusalém, a sua procura. Três dias depois eles o encontraram no templo" (Lc 2,43-46).

Mistérios da Dor
(Dias da semana: 3ª e 6ª feira)
"A salvação nos sofrimentos de Jesus"

1º Mistério
Agonia de Jesus no Jardim das Oliveiras: "Jesus foi com eles a um lugar chamado Getsê-

mani. E começou a entristecer-se e angustiar-se" (Mt 26,36-37).

2º Mistério
Flagelação de Jesus: "Pilatos, então, tomou Jesus e o mandou flagelar" (Mt 26,66).

3º Mistério
Jesus é coroado de espinhos: "Depois, tecendo uma coroa de espinhos, puseram-na em sua cabeça e um caniço na mão direita" (Mt 27,29).

4º Mistério
Jesus carregando a cruz: "E carregando a cruz, saiu para o lugar chamado Caveira, em hebraico, Gólgota" (Jo 19,17).

5º Mistério
Crucificação e morte de Jesus: "Chegando ao lugar chamado Gólgota, lá o crucificaram" (Lc 23,33-34).

Mistérios da Luz
(Dia da semana: 5ª feira)
"Vida Pública de Jesus"

1º Mistério
Batismo no Jordão: "Batizado, Jesus saiu imediatamente da água e logo os céus se

abriram e ele viu o Espírito de Deus descendo como uma pomba e pousando sobre ele" (Mt 3,16-17).

2º Mistério
Autorrevelação nas bodas de Caná: "Sua mãe diz aos serventes: Fazei tudo o que ele vos disser!" (Jo 2,1-5).

3º Mistério
Anúncio do Reino de Deus e o convite à conversão: "O tempo está realizado e o Reino de Deus está próximo. Convertei-vos e crede no Evangelho" (Mc 1,14-15).

4º Mistério
A Transfiguração: "Com Pedro, João e Tiago, ele subiu à montanha para orar... o aspecto de seu rosto se alterou, suas vestes tornaram-se de fulgurante brancura... veio uma voz dizendo: Este é meu Filho, o Eleito; ouvi-o sempre!" (Lc 9,28-29.34-35).

5º Mistério
Instituição da Eucaristia: "Jesus tomou o pão, abençoou-o, partiu-o, distribuiu aos discípulos e disse: Tomem e comam, isto é meu corpo. Em seguida tomou o cálice... Bebam dele todos, pois isto é meu sangue, sangue da aliança, derramado em favor de muitos" (Mt 26,26-29).

Mistérios da Glória
(Dias da semana: 4ª feira e domingo)
"Na ressurreição de Jesus está nossa ressurreição."

1º Mistério
A ressurreição de Jesus: "Sei que estás procurando Jesus, o Crucificado. Ele não está aqui! Ressuscitou como disse" (Mt 28,5-6).

2º Mistério
Ascensão de Jesus ao céu: "Depois disto, Jesus elevou-se à vista deles, e uma nuvem o ocultou a seus olhos" (At 1,9).

3º Mistério
Vinda do Espírito Santo: "Todos ficaram cheios do Espírito Santo e começaram a apregoar as maravilhas de Deus" (At 2,1-4).

4º Mistério
Assunção de Maria ao céu: "E Maria disse: Minha alma glorifica o Senhor. E meu espírito exulta em Deus, meu Salvador" (Lc 1,46-47).

5º Mistério
Coroação de Nossa Senhora no céu: "E Maria disse: Por isso, de hoje em diante, todas as gerações me chamarão bem-aventurada" (Lc 1,48).

Promessas de Nossa Senhora a todos aqueles que rezam o terço

– Sua proteção especialíssima na vida.
– Uma morte feliz.
– A salvação eterna de sua alma.
– Não morrerão sem os sacramentos.
– Não serão flagelados pela miséria.
– Tudo obterão por meio do Rosário.
– A devoção do Rosário será um sinal certo de salvação.
– Livrará do purgatório no dia em que morrerem os que tiverem rezado o Rosário.
– Terão uma grande glória no céu.
– Aos que propagarem a devoção do Rosário, Maria Santíssima promete socorrer em todas as suas necessidades.

Como rezar o Terço

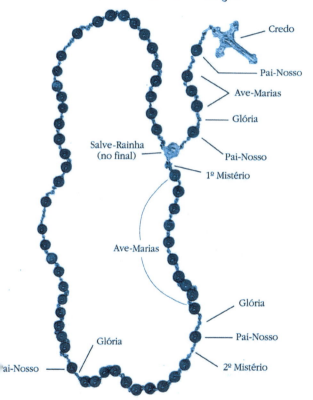

ANTÍFONAS E INVOCAÇÕES A NOSSA SENHORA

A VOSSA PROTEÇÃO
A vossa proteção recorremos, ó Santa Mãe de Deus; não desprezeis nossas súplicas, não nos abandoneis em nossas necessidades, mas livrai-nos sempre de todos os perigos, ó Virgem gloriosa e bendita. Amém.

ANTÍFONA DE NOSSA SENHORA – I
Ó Mãe do Redentor, do céu, ó porta,
ao povo que caiu, socorre e exorta,
pois busca levantar-se, Virgem pura,
nascendo o Criador da criatura:
tem piedade de nós e ouve, suave,
o anjo te saudando com seu Ave!

ANTÍFONA DE NOSSA SENHORA – II
Ave, Rainha do céu;
ave, dos anjos Senhora;
ave, raiz, ave, porta;
da luz do mundo és aurora.
Exulta, ó Virgem tão bela,
as outras seguem-te após;
nós te saudamos: adeus!
E pede a Cristo por nós!
Virgem Mãe, ó Maria!

HINO A MARIA
Liturgia ortodoxa
Salve, tu por quem a alegria há de se acender;

salve, por quem a desgraça acabará;
salve, tu que és ressurreição de Adão decaído;
salve, redenção das lágrimas de Eva.
Salve, píncaro inacessível aos raciocínios dos homens;
Salve, abismo insondável mesmo para o olhar dos anjos.
Salve, porque tu te constituis em trono para o Rei;
salve, tu que carregas aquele que todas as coisas carrega.
Salve, astro que anuncia a chegada do Sol;
Salve, seio da divina Encarnação.
Salve, tu por quem a criatura se recria;
salve, em quem o Criador se torna criança.
Salve, esposa inviolada!
Salve, Maria!

INVOCAÇÕES A MARIA ANTES DE LER A BÍBLIA

Ó Virgem Maria, que sempre lestes a Bíblia Sagrada, guardando essas Palavras em vosso coração, ajudai-nos a imitar vosso exemplo, a fim de que possamos responder sempre "sim" aos apelos do Pai celeste.

Virgem Santíssima, Sede da Sabedoria, rogai por nós.

São Jerônimo, doutor máximo das Escrituras, rogai por nós.

INVOCAÇÕES A NOSSA SENHORA
(De manhã e à noite)

Por vossa Imaculada Conceição, ó Maria, livrai-me neste dia (nesta noite) de todo o pecado mortal!

Por vossa Imaculada Conceição, ó Maria, fazei puro meu corpo e santa minha alma!

Ó Maria, concebida sem pecado, rogai por nós que recorremos a vós!

INVOCAÇÕES A NOSSA SENHORA APARECIDA

Senhora Aparecida, o Brasil é vosso! Rainha do Brasil, abençoai nossa gente! Tende compaixão de vosso povo! Socorrei os pobres! Consolai os aflitos! Iluminai os que não têm fé! Convertei os pecadores! Curai nossos enfermos! Protegei as criancinhas! Lembrai-vos de nossos parentes e benfeitores! Guiai a mocidade! Guardai a família! Visitai os encarcerados! Norteai os navegantes! Ajudai o operário! Santificai nosso Clero! Assisti os Bispos! Conservai o Santo Padre! Defendei a Santa Igreja! Esclarecei nosso Governo! Abençoai o Presidente da República! Ouvi os que estão presentes! Não vos esqueçais dos ausentes! Paz a nosso povo! Tranquilidade para nossa terra! Prosperidade para o Brasil! Salvação para nossa Pátria! Senhora Aparecida, o Brasil vos ama, o Brasil tudo espera de vós! Senhora Aparecida, o Brasil vos aclama! Salve, Rainha!

LOUVOR A MARIA
Concílio de Éfeso – 431
Nós vos saudamos, Maria, Mãe de Deus,
venerável tesouro do universo,
Luz que jamais se apaga,
templo jamais destruído,
que contém aquele que nada pode conter.
Mãe e Virgem,
por vós a Trindade é santificada,
por vós a cruz é venerada,
por vós o céu se enche de alegria,
por vós os Anjos e Arcanjos rejubilam;
por vós o tentador foi precipitado do céu;
por vós a criatura tombada foi elevada ao céu;
por vós o santo Batismo vem aos que creem,
por vós o óleo da alegria,
por vós os povos são levados à conversão.

CONSAGRAÇÕES A NOSSA SENHORA

A MARIA

Maria, Mãe de Jesus, neste mês de maio queremos te apresentar a homenagem de nosso amor. Queremos consagrar a teus cuidados maternais a Igreja de Jesus Cristo, teu Filho. Pedimos que tua proteção, teu carinho e tuas atenções maternais cubram de bênçãos os filhos de Deus, irmãos de Jesus, espalhados em toda a face da terra. Faze, Maria, que os cristãos tenham cada vez mais os traços de Jesus e que possam dar um verdadeiro testemunho dele e de seu reino no coração das realidades terrestres. Consagramos a teu coração as famílias e os homens todos, as viúvas e os viúvos, os solteiros e os religiosos, os sacerdotes e os bispos. Que teu coração maternal interceda junto a Deus por todos os nossos irmãos que passam fome e que vivem injustiças. Que o poder de teu Filho injete generosidade e espírito de fraternidade nos grandes da terra, para que pensem mais nos outros do que em si mesmos. Consagramos de modo especial a teu amor os jovens de nossa terra. Assim seja.

A NOSSA SENHORA

Ó Maria Santíssima, pelos méritos de Nosso Senhor Jesus Cristo, em vossa querida imagem de Aparecida, espalhais inúmeros benefícios sobre todo o Brasil. Eu, embora indigno de pertencer ao número de vossos filhos e filhas, mas cheio do desejo de participar dos benefícios de vossa misericórdia, prostrado a vossos pés, consagro-vos o meu entendimento, para que sempre pense no amor que mereceis; consagro-vos a minha língua, para que sempre vos louve e propague a vossa devoção; consagro-vos o meu coração, para que, depois de Deus, vos ame sobre todas as coisas! Recebei-me, ó Rainha incomparável, vós que o Cristo crucificado deu-nos por Mãe, no ditoso número de vossos filhos e filhas; acolhei-me debaixo de vossa proteção; socorrei-me em todas as minhas necessidades espirituais e temporais, sobretudo na hora de minha morte. Abençoai-me, ó celestial cooperadora, e, com vossa poderosa intercessão, fortalecei-me em minha fraqueza, a fim de que, servindo-vos fielmente nesta vida, possa louvar-vos, amar-vos e dar-vos graças no céu, por toda a eternidade. Assim seja!

A NOSSA SENHORA DA CONCEIÇÃO APARECIDA

Ó Senhora da Conceição Aparecida, nós vos consagramos nossa vida, nosso Brasil, nossa Igreja. Ó Mãe da Esperança, ajudai-nos a viver a fé, educando-nos para uma vida de fraternidade e de compromisso; para seguir vosso Filho, Jesus, rumo ao Novo Milênio. Ó Mãe querida, guardai-nos de todos os perigos e injustiças. Virgem Aparecida, Santuário do Espírito, de hoje em diante, queremos viver para a construção de um mundo melhor, onde todos possam ser reconhecidos como filhos e filhas de Deus. Ó Mãe, dai-nos firmeza nesse propósito. Amém.

A NOSSA SENHORA, MÃE DOS VOCACIONADOS
Movimento Serra de Aparecida-SP

Santíssima Virgem Maria, mãe de Deus e mãe nossa, a vosso Coração Imaculado consagramos a Igreja, o Papa, os bispos, sacerdotes e todos os ministros. Fazei do pastor Supremo da Cristandade o "Bom Pastor", segundo o coração do próprio Cristo. Dai-lhe saúde e espírito de sabedoria para dirigir com firmeza a barca de Pedro. Protegei os bispos que o Espírito Santo colocou à frente da Igreja de Jesus, como legítimos sucessores dos apóstolos. Aumentai-lhes o amor a seu rebanho e o zelo missionário. Mãe dos vocacionados, pedimos vossas bênçãos para todos os sacerdotes, que amais com predileção, fazendo-os honrar, sempre mais, sua dignidade, de "outros Cristos". Olhai com amor para as famílias, jardins onde desabrocham os botões das vocações sacerdotais e religiosas. Por fim, nós vos recomendamos todos os leigos engajados no ideal cristão de santificação e apostolado. Fazei crescer neles o ardor missionário de Santa Teresinha, para que possam acender nos outros o desejo da perfeição e o ideal de conquistar o mundo para Cristo. Assim seja.

AO IMACULADO CORAÇÃO DE MARIA

Ó minha Senhora e minha Mãe, eu me ofereço todo a vós e, em prova de minha devoção para convosco, eu vos consagro, neste dia, meus olhos, meus ouvidos, minha boca, meu coração e inteiramente, todo o meu ser. E porque assim sou vosso, ó incomparável Mãe, guardai-me, defendei-me, como coisa e propriedade vossa. Confio em vosso poder e bondade, em vós confio com filial piedade. Confio cego, em toda a situação, Mãe, em vosso Filho e em vossa proteção. Amém.

CONSAGRAÇÃO DO MUNDO AO CORAÇÃO IMACULADO DE NOSSA SENHORA
Papa João Paulo II

Ó Mãe dos homens e dos povos, vós conheceis todos os seus sofrimentos e suas esperanças, vós sentis maternalmente todas as lutas entre o bem e o mal, entre a luz e as trevas, que abalam o mundo. Acolhei nosso brado, dirigido no Espírito Santo diretamente a vosso Coração... Tomai sob vossa proteção materna a família humana inteira, que, com enlevo afetuoso, nós vos confiamos, ó Mãe. Que se aproxime para todos o tempo da paz e da liberdade, o tempo da verdade, da justiça e da esperança. Amém.

CONSAGRAÇÃO OFICIAL A NOSSA SENHORA APARECIDA
Cardeal Dom Sebastião Leme

Ó Maria Imaculada, Senhora da Conceição Aparecida, aqui tendes, prostrado diante de vossa venerada Imagem, o Brasil, que vem de novo consagrar-se a vossa maternal proteção. Escolhendo-vos por especial Padroeira e Advogada de nossa Pátria, nós queremos que ela seja inteiramente vossa. Sim, ó Senhora Aparecida, o Brasil é vosso! Por vossa intercessão temos recebido todos os bens das mãos de Deus e todos os bens esperamos receber, ainda e sempre, por vossa intercessão. Abençoai, pois, ó Rainha de amor e de misericórdia, abençoai, defendei, salvai vosso Brasil! Preservai nossa fé! Assisti nossos Bispos! Santificai as almas consagradas a Deus! Socorrei nossas famílias! Defendei as criancinhas! Afastai do vício e da corrupção a mocidade e os operários brasileiros! Esclarecei nosso Governo! Guiai enfim todos os nossos irmãos de pátria no caminho do céu e da verdadeira felicidade! Lembrai-vos, ó Senhora da Conceição Aparecida, de que somos e queremos ser vossos filhos, e mostrai ante o céu e a terra que sois a Padroeira poderosa do Brasil e a Mãe querida de todos os brasileiros! Amém.

CONSAGRAÇÃO PESSOAL A NOSSA SENHORA

Ó Senhora minha, ó minha Mãe, eu me ofereço todo a vós; e, em prova de minha devoção para convosco, eu vos consagro neste dia (nesta noite) meus olhos, meus ouvidos, minha boca, meu coração e inteiramente todo o meu ser. E, porque assim sou vosso, ó incomparável Mãe, guardai-me e defendei-me, como coisa e propriedade vossa. Amém.

CONSAGRAÇÃO, UMA NOVA EFUSÃO
Papa João Paulo II

A ti, ó Mãe, consagramos com imensa confiança todos nós, nossas fadigas, nossos propósitos, nossa esperança. A ti consagramos toda a Igreja e a humanidade inteira, com especial pensamento naqueles homens e naqueles povos que têm particular necessidade, e cuja confiança e consagração tu especialmente desejas. Ó tu, que, coberta pelo Espírito Santo, geraste teu divino Filho, obtém, com tuas preces, para a Igreja, uma nova efusão do Espírito, que traga às almas uma fé mais firme, uma esperança mais pura e uma caridade mais generosa! Ó tu, que atrais docemente o coração dos homens ao caminho da justiça e da reconciliação, chama novamente à unidade da comunhão eclesial aqueles que se afastaram dela ou a romperam com a rebeldia, com a desobediência e o pecado! Tu, que foste preservada de toda mancha desde a concepção, defende teus filhos na luta contra o poder das trevas e contra as ciladas do erro e da mentira! Que teu imaculado coração reine nas consciências, nas famílias e na sociedade, nas nações e na humanidade inteira! Ó clemente, ó piedosa, ó doce Virgem Maria. Amém.

RENOVAÇÃO DA CONSAGRAÇÃO À IMACULADA CONCEIÇÃO
Associação Milícia da Imaculada

Virgem Imaculada! Minha Mãe, Maria Santíssima! Eu renovo, hoje e sempre, a consagração de todo o meu ser para que disponhais de mim para o bem de todos. Somente vos peço que eu possa, minha Rainha e Mãe da Igreja, cooperar fielmente com a missão de construir o Reino de vosso Filho Jesus no mundo. Para isso vos ofereço minhas orações, meus sacrifícios e minhas ações. Ó Maria concebida sem pecado, rogai por nós que recorremos a vós e por todos quantos a vós não recorrem, de modo especial aos inimigos da Santa Igreja, e por aqueles que a vós estão recomendados. Amém.

RENOVAÇÃO DA CONSAGRAÇÃO A NOSSA SENHORA APARECIDA

Senhora Aparecida, eu renovo, neste momento, minha consagração. Eu vos consagro meus trabalhos, sofrimentos e alegrias, meu corpo, minha alma e toda a minha vida. Eu vos consagro a minha família.

Ó Senhora Aparecida, livrai-nos de todo o mal, das doenças e do pecado. Abençoai nossas famílias, os doentes, as criancinhas. Abençoai a santa Igreja, o Papa e os bispos, os sacerdotes e ministros, religiosos e leigos. Abençoai nossa paróquia, nosso pároco.

Senhora Aparecida, lembrai-vos que sois a Padroeira poderosa de nossa Pátria. Abençoai nosso governo. Abençoai, protegei, salvai vosso Brasil! E dai-nos vossa bênção. Amém.

ORAÇÕES A MARIA

A MARIA – I
Ó Maria, onde estarei sem ti?
A cada passo de minha vida
eu te encontro, Mãe e amiga.

Se caio, tu me levantas.
Se vacilo, tu me sustentas.
Se me extravio, tu me reconduzes.

És boa para todos nós.
Mas para mim és um milagre
de ternura.

A MARIA – II
Pe. Alberione

Maria, minha querida e terna Mãe, colocai vossa mão sobre minha cabeça. Guardai minha mente, coração e sentidos, para que eu não cometa o pecado. Santificai meus pensamentos, sentimentos, palavras e ações, para que eu possa agradar a vós e a vosso Jesus e meu Deus. E assim possa partilhar de vossa felicidade no céu. Amém.

A MARIA – III
Ave, Maria, Mãe do Salvador,
viva esperança do povo sofredor,
face materna, sinal de nosso Deus,
vem orientar os homens filhos teus!
Maria, Mãe da Igreja, Rainha Universal,
modelo de virtude, liberta-nos do mal!

Ensina a ser fiel o povo do Senhor,
que o mundo se transforme num reino de amor.

A MARIA IMACULADA, ESPOSA DO ESPÍRITO SANTO

Vós que concebeis à luz do Espírito Santo de Deus, que aqui sobre a árvore da Vida, na montanha sagrada de vosso Santuário, onde a água jorra abençoada por vossa presença, onde vossas graças sempre abundantes nos são permitidas, vós que escolhestes o Espírito Santo como instrumento da proteção divina, exatamente, para a salvação da humanidade, nós vos rogamos, Senhora, vosso amparo e vossa misericórdia, mais uma vez, com a promessa de purificação de nossa alma e de nosso coração, através da oração e da confissão, para que sejamos dignos tanto de vossa bênção como de vossa perene assistência, para que vivamos sob o amparo de vosso amor e sob a claridade de vossa luz a mesma luz de vosso Filho Jesus, divino itinerário para a vida eterna. Amém.

A MARIA, CAUSA DE NOSSA ALEGRIA
Papa João Paulo II

Maria, Virgem Imaculada, mulher do sofrimento e da esperança, sê bondosa com todas as pessoas que sofrem e obtém para cada uma a plenitude da vida. Dirige teu olhar materno sobretudo para quantos na África vivem na necessidade extrema, porque foram atingidos pela Aids ou por outra doença mortal. Vela sobre as mães que choram seus filhos; vela sobre os avós privados dos recursos suficientes para sustentar os netos que ficaram órfãos. Estreita todos a teu coração de Mãe. Rainha da África e do mundo inteiro, Virgem Santíssima, reza por nós! Amém.

A MARIA, MÃE DE JESUS
Frei Almir Guimarães
Maria da Anunciação,
que todos nós possamos ser servos da Palavra.
Maria de Belém,
que todas as crianças possam
nascer no seio de uma família.
Maria das coisas de todos os dias,
que possamos aprender contigo
e guardar tudo no fundo do coração.
Maria.
Maria de Nazaré,
que nossas crianças possam crescer
em idade, graça e sabedoria
diante de Deus e dos homens.
Maria de Caná,
olha por todos os noivos e por aqueles
que se preparam para o casamento.
Maria de Jerusalém,
conforta todos os que sofrem
perseguições e injustiças.
Maria do Calvário,
olha por todas as mães que perdem um filho.
Maria do Cenáculo,
ajuda-nos a viver a vida nova do Espírito.
Amém.

A MARIA, NOSSA MÃE
Santo Afonso Maria de Ligório
Ó Consoladora dos aflitos, não me abandoneis no momento de minha morte... Obtende-me a graça de vos invocar então mais frequentemente, a fim de que eu expire com vosso doce nome e o de vosso divino Filho em meus lábios. Muito mais, ó minha Rainha, perdoai minha ousadia, vinde vós mesma, antes que eu expire, consolar-me com vossa presença. Essa graça a concedestes a tantos outros de vossos servos; eu a desejo e a espero também. Sou um pecador, é verdade, não a mereço; mas sou vosso servo, eu vos amo, tenho grande confiança em vós, ó Maria!

A MARIA, TEMPLO DO ESPÍRITO SANTO
Jean Galot
Tu soubeste acolher o Espírito Santo com coração aberto; acolheste-o com a fé, acreditando em sua ação maravilhosa em teu seio. Acolheste-o entregando-lhe todo o teu ser, confiando-te ao poder de seu amor; acolheste-o colaborando ativamente com ele no amor da encarnação redentora. Não cessaste mais de o acolher durante toda a vida, escutando sua voz misteriosa, seguindo todas as suas sugestões. Ensina-nos também a recebê-lo com a mesma disposição de abertura. Ajuda-nos a escutá-lo no íntimo do coração, a acolher suas inspirações e seus conselhos. Mostra-nos o caminho da docilidade a seu ensinamento e o da cooperação com

sua obra. A teu exemplo, queremos também nós receber com plenitude o Espírito Santo e não desperdiçar nada de sua vinda dentro de nós. Reaviva nosso desejo de receber tudo o que ele nos quer dar e comunica-nos a alegria que tu experimentaste no deixar ao Espírito Santo a liberdade de tomar tudo, de tudo invadir com seu amor. Amém.

A MARIA, VIRGEM SEM MANCHA

Ó Maria, Virgem sem mancha, que preparastes em vosso seio virginal uma morada para o Filho de Deus. Eu, embora indigno de pertencer ao número de vossos filhos e filhas, mas desejando que o Filho de Deus que nasceu de vós renasça espiritualmente em mim e me conceda a graça que tanto desejo, prostro-me a vossos pés e suplico que abençoeis este meu pedido: *(fazer o pedido).*

Rezar 25 Ave-Marias, dizendo a cada uma a jaculatória:

Bendita seja sua santa e Imaculada Conceição, ó Mãe de Deus!

A NOSSA SENHORA

Cônego Gabriel Hugo da Costa B.

Maria, tu és a morada, a torre no esplendor do marfim e na segurança e riqueza de Davi. O Divino Espírito te doou tudo o que o maior amor pode oferecer. Por isso és presença da caridade, sinal da salvação, luz matutina mais perfeita, onde a luz da estrela jamais se esconderá. Tens a missão sublime de nos dar teu Jesus. Tens a força mais eficaz para a destruição do mal. Tua intercessão comove sempre o próprio Senhor. Roga por nós pecadores. Cobre-nos com teus méritos. Faze cair sobre nós toda a misericórdia de Deus.

À PROVAÇÃO DE MARIA
Cardeal Martini

Concede-nos, Maria, a graça de penetrar de tal modo no mistério de tua provação que possamos desde então repetir: a minh'alma engrandece o Senhor. Faze que, mesmo do vale de nossa obscuridade, saibamos gritar: meu espírito exulta em Deus, meu salvador. Faze que nos interroguemos se essa é nossa atitude cotidiana, se somos capazes de elevar-nos da lamentação em direção à glorificação do mistério de Deus, de abandonar-nos ao mistério que, nas trevas ou na luz sempre nos carrega nos braços, irrevogavelmente. Concede-nos compreender e confiar-nos como tu ao mistério da Aliança. Ó Maria, tu que tiveste a mente e o intelecto purificados e obedientes desde o início; tu que após uma simples pergunta: como se fará isso? Te aquietaste, não mais te preocupaste com coisa alguma, nem ansiedade, nem reflexões, nem temores, concede-nos a graça de seguir tua via numa planificação de mente e coração que nos permita penetrar com toda a força da alma e com todo o espírito no serviço e no amor ao próximo, segundo vossa vocação.

A SANTA MARIA

Santa Maria, socorrei os fracos, consolai os tristes... Rogai pela santa Igreja. Encorajai seus ministros e missionários! Ajudai a todos, sede nossa salvação! Santa Maria, sois a Mãe dos homens, Sois a Mãe de Cristo que nos fez irmãos. Rogai por todos nós e fazei que, enfim, tenhamos paz e salvação. Amém.

AVE, MARIS STELLA

Salve, do mar clara estrela!
Salve, ó Mãe do Onipotente,
sempre Virgem e bela,
do céu porta refulgente.

Ó tu que ouviste da boca
de Gabriel saudação,
em Ave o nome Eva troca!
Dá-nos paz e quietação!

Os grilhões aos réus desprende,
estes cegos ilumina!
De todo o mal nos defende!
Chova bens a Mão divina!

Mostra seres Mãe, fazendo
que os rogos do povo seu
ouça aquele que nascendo
por nós, quis ser Filho teu.

Virgem singular, sublime
entre todas na clemência!
Nossos pecados suprime!
Dá-nos pureza e paciência!

Faze que puros vivamos
põe-nos na senda segura,
para que a Jesus vejamos
na celestial ventura.

A Deus Pai sempre adoremos,
a Jesus Cristo também
e ao Espírito Santo: demos
aos três um louvor. Amém.

CONTEMPLAR O ESPÍRITO
Cardeal Martini
Maria, tu que és a mulher da reconciliação, guia-nos pelos caminhos da verdade, torna-nos capazes de dar aquilo que gratuitamente tivermos recebido, ajuda-nos a contemplar o caminho que o Espírito de teu Filho Jesus faz cumprir nossa Igreja, põe em nosso coração e em nossos lábios o hino de gratidão e de louvor ao Pai, do qual tudo procede e ao qual tudo retorna. Amém.

EU TE SAÚDO, MARIA
Michel Quoist
Maria do sim,
 para recuperar os nãos e sempre acolher o amor anunciado.

Maria do silêncio,

silêncio em semente para espalhar em nossas terras a palavra de vida.

Maria bela,

bela de luz para iluminar os rostos fechados ao sol do menino.

Maria de todos os dias,

para debulhar mil instantes do dia como contas de um rosário.

Maria ternura,

para nossos beijos voo de pássaro sobre frontes desertas.

Maria sorriso,

para viver em flores, flores acolher por quem passa.

Maria das lágrimas,

lágrimas em rio para irrigar corações secos.

Maria do Alto,

tão bem colocada, reza por mim tão mal colocado.

Maria memória,

memória fiel, lembra-te de mim quando meus pés cheios de terra entrarem na Vida.

Eu te saúdo, Maria,

Maria Mãe, Maria que eu amo. Assim seja.

GLÓRIAS DE MARIA
Santo Afonso Maria de Ligório

Ó Mãe de Jesus e minha Mãe, ajuda do que vive, salvação do que morre, faz que eu sempre invoque esse teu doce nome que tanto alento e confiança sabe comunicar-me. A tua piedade recorro para alcançar de Deus conformidade com o que mais lhe agrade. Inspira-me humildade, tu que foste perfeitamente humilde; paciência nas contrariedades, tu que foste paciente; amor a Deus e ao próximo, tu que foste toda caridade. E para aproximar-me confiante de Deus, dá-me a confiança em ti, meu refúgio e consolo, minha onipotente intercessora. Amém.

INVOCAÇÃO A MARIAMA
Dom Helder Câmara – Missa dos Quilombos
Mariama, Nossa Senhora,
Mãe de Cristo e Mãe dos Homens!
Mariama, Mãe dos Homens de todas as raças, de todas as cores, de todos os cantos da terra.
Pede a teu Filho que esta festa não termine aqui,
a marcha final vai ser linda de viver.
Mas é importante, Mariama, que a Igreja de teu Filho
não fique em palavra, não fique em aplauso.
É importante que embarque de cheio na causa dos negros,
como entrou de cheio na Pastoral da Terra e na Pastoral dos Índios.
Não basta pedir perdão pelos erros de ontem.
É preciso acertar o passo hoje sem ligar ao que disserem.
Claro que dirão que é política, subversão, que é comunismo.
É Evangelho de Cristo, Mariama.

Mariama, Mãe querida, problema de negro acaba se ligando com todos os grandes problemas humanos.

Com todos os absurdos contra a humanidade, com todas as injustiças e opressões.

Mariama, que se acabe, mas se acabe mesmo, a maldita fabricação de armas.

O mundo precisa fabricar é paz.

Basta de injustiça,

de uns sem saber o que fazer com tanta terra e milhões sem um palmo de terra onde morar.

Basta de uns tendo de vomitar para poder comer mais

e 50 milhões morrendo de fome num ano só.

Basta de uns com empresas se derramando pelo mundo todo

e milhões sem um canto onde ganhar o pão de cada dia.

Mariama, Nossa Senhora, Mãe querida,

nem precisa ir tão longe como em teu hino.

Nem precisa que os ricos saiam de mãos vazias e os pobres de mãos cheias.

Nem pobre nem rico.

Nada de escravo de hoje ser senhor de escravos amanhã.

Basta de escravos.

Um mundo sem senhor e sem escravos.

Um mundo de irmãos.

De irmãos não só de nome e de mentira.

De irmãos de verdade, Mariama.

LEMBRAI-VOS – I

Lembrai-vos que vos pertenço,
terna mãe, Senhora nossa!
Ah! Guardai-me e defendei-me
como coisa própria vossa! Amém.

LEMBRAI-VOS – II
São Bernardo

Lembrai-vos, ó puríssima Virgem Maria, que jamais se ouviu dizer que algum daqueles que têm recorrido a vossa proteção, implorado vosso socorro e invocado vosso auxílio, fosse por vós desamparado. Animado, pois, com igual confiança, a vós, ó Virgem, entre todas singular, como minha Mãe recorro, de vós me valho e, gemendo sob o peso de meus pecados, me prostro a vossos pés. Não desprezeis minhas súplicas, ó Mãe do Filho de Deus humanado, mas dignai-vos de as ouvir propícia e de me alcançar o que vos rogo. Amém.

MARIA, Ó MÃE DA GRAÇA

Maria, ó Mãe da graça, ó Mãe da misericórdia, do inimigo defendei-me, na hora da morte acolhei-me!

MARIA, RAINHA DE MISERICÓRDIA
Santo Afonso Maria de Ligório

Maria é rainha. Mas saibamos todos, para consolação nossa, que é uma rainha cheia de doçura e de clemência, sempre inclinada a favorecer e fazer bem a nós pobres pecadores. Quer por isso a Igreja que a saudemos com o nome de rainha de Misericórdia. O próprio nome de rainha, considera Santo Alberto Magno, denota piedade e providência para com os pobres, enquanto que o de imperatriz dá ares de severidade e rigor. A magnificência dos reis e das rainhas consiste em aliviar os desgraçados, diz Sêneca. Enquanto que os tiranos governam tendo em vista apenas seu interesse pessoal, devem os reis procurar o bem de seus vassalos. Por isso na sagração dos reis se lhes unge a testa com óleo. É o símbolo da misericórdia e benignidade de que devem estar animados para com seus súditos. Devem, pois, os reis principalmente empregar-se nas obras de misericórdia, mas sem omitir, quando necessária, a justiça para com os réus. Não assim Maria. Bem que seja Rainha, não é rainha de justiça, zelosa do castigo dos malfeitores. É Rainha de Misericórdia, inclinada só à piedade e ao perdão dos pecadores. Por isso quer a Igreja que expressamente lhe chamemos Rainha de Misericórdia. Amém.

MARIA, TU ÉS BELA!
Frei Almir Ribeiro Guimarães, OFM
Maria, quero falar contigo.
Neste instante de calma e de silêncio,
quero estar um pouco contigo,
minha Mãe e Mãe de Jesus.

Deixa que eu contemple um pouco teu rosto:
teu rosto belo e puro de moça,
que acolhe a vontade de Deus
e responde com um sim generoso
ao plano de teu Senhor;
teu rosto de alegria e ternura,
ao contemplar esse menino
que nascia de teu seio
e que tu envolvias em paninhos quentes
e com o calor de teu amor;
teu semblante confiante e sereno da vida
de Nazaré, quando cantavas melodias de paz
e de tranquilidade enquanto o Menino
ia crescendo em idade e sabedoria
diante de Deus e diante dos homens;
teu rosto grave e inquieto
quando vinham te contar
que teu Filho era perseguido
e que queriam apedrejá-lo;
teu rosto triste e dolorido
quando percorrias as ruas de Jerusalém
ou quando ficaste como um soldado
ao pé da cruz de teu Filho,
na montanha do sacrifício.
Deixa, Maria toda bela,
que eu contemple teu rosto.

Maria, tu és maior que Abraão,
tu és maior que os profetas,
porque em teu seio foi tecida
a carne bendita do Filho de Deus.
Tu geraste, minha Mãe,
a esperança de meus dias

que se chama Cristo Jesus.
Tu és vaso transparente,
tu és a mulher fiel,
tu és a Virgem de toda pureza,
tu és a serva e a escrava do Senhor,
a Mãe das Dores e a Mãe da Esperança,
a Mãe de Jesus e a minha Mãe!

MINHA NOSSA SENHORA
Affonso Celso
"Minha Nossa Senhora!", o povo exclama
e esta frase, sem dúvida, incorreta,
exprime, da maneira mais completa
teu prestígio sem par que o mundo aclama.

És minha só, minh'alma é que te chama
para aplacar-lhe a agitação secreta;
mas é nossa também, pois meiga e reta,
teu favor sobre todos se derrama.

Minha Nossa Senhora, em teu regaço,
acolhe compassiva meu cansaço,
recebe o coração que em dor se aninha;

Mitiga as dores, o amargor adoça,
do mal de todos nós, Senhora nossa,
deste sofrer só meu, Senhora minha!

MOMENTO DE ORAÇÃO
COM A VIRGEM SANTA MARIA
Pascal Grandmaison
Santa Maria, Mãe de Deus, faze com que eu guarde um coração de criança, puro e transpa-

rente como uma fonte. Dá-me um coração simples que não queira saborear o pessimismo, um coração magnânimo para dar, carinhoso para a compaixão, que não esqueça nenhum bem e não guarde ressentimento de nenhum mal. Faze que meu coração seja doce e humilde, que ame sem esperar nada de volta, alegre de poder desaparecer diante do coração de vosso divino Filho. Dá-me um coração grande e inquebrantável, que nenhuma ingratidão chegue a fechar, que não se canse com nenhuma indiferença, um coração ansioso da glória de Jesus Cristo e ferido por seu amor, cuja chaga só poderá se fechar no céu.

NÓS TE COROAMOS
Pe. Ronoaldo Pelaquim, C.Ss.R.
Nós te coroamos, Senhora Aparecida,
mais uma vez, nós te coroamos,
nós te coroamos, Rainha do Brasil!

O povo cristão consagrou teu filho
seu rei e senhor, o dono do mundo.
É justo agora chamar-te Senhora,
chamar-te Senhora e minha Rainha.

Coroa de ouro é só um sinal
de outra mais bela doada por Deus.
É justo agora chamar-te Senhora,
chamar-te Senhora e minha Rainha.

Diante do rei a rainha tem voz,
por nós intercede as bênçãos de Deus.

É justo agora chamar-te Senhora,
chamar-te Senhora e minha Rainha.

ORAÇÃO DE LOUVOR A MARIA

Mãe, eu queria entrar convosco,
no silêncio de vosso coração;
encontrar Deus longe do barulho;
sentir sua presença dentro de mim,
e pedir-lhe para viver comigo,
no concreto de minha vida.

Mãe, eu queria abrir meu coração ao Espírito de Deus;
 deixar-me seduzir por Ele;
 moldar-me por Ele;
 encher-me dele para dar os frutos que quer produzir em mim.

Mãe, eu queria ser parecido um pouco convosco,
 nesse povo que nasceu no coração trespassado de vosso Filho.
 Ele é sua Igreja, de que vós sois a imagem mais bela, sem defeito nem ruga.

Mãe, convosco eu me consagro ao serviço do Senhor:
 que se faça em mim segundo sua palavra e sua santa vontade.

Mãe, cheia de graça, por Deus amada:
rogai por mim, velai por mim,

sobretudo nas horas sombrias de minha vida.

Mãe: olhai para mim, como eu olho para vós.

Deixai-me entrar convosco no silêncio de vosso coração,

para acolher as palavras do Espírito,

que põe em meus lábios o cântico novo de vosso Magnificat.

O SEGREDO DE MARIA

Trabalhe e reze.

Fique em silêncio, reze, ame e reze.

Escute e reze.

Não discuta, não queira ter razão: cale-se.

Não julgue, não condene: ame.

Não olhe, não queira saber: abandone-se.

Não se irrite, não entre na profundidade dos problemas: creia.

Não se agite, não procure fazer: reze.

Não se inquiete, não se preocupe: tenha fé.

Quando você fala, Deus se cala e você diz coisas equivocadas.

Quando discute, Deus é esquecido e você peca.

Quando você argumenta, Deus é humilhado e você pensa em coisas vãs.

Quando você se apura, Deus é distanciado e você tropeça e cai.

Quando você se agita, Deus é lançado fora e você fica na obscuridade.

Quando você julga o irmão, Deus é crucificado e você se julga a si mesmo.

Quando você condena o irmão, Deus morre e você se condena a si mesmo.

Quando você desobedece, Deus fica distante e você morre.

Rezar uma Ave-Maria, pedindo a Nossa Senhora a graça de se assemelhar cada vez mais a Ela.

PELO BRASIL
Ó Maria concebida sem pecado, olhai para nosso pobre Brasil, rogai por ele, salvai-o. Quanto mais culpado é, tanto mais necessidade tem ele de vossa intercessão. Uma palavra vossa a Jesus e o Brasil será salvo. Ó Jesus, que nada negais a vossa Mãe Santíssima, salvai nosso Brasil! Amém.

PRECE A MARIA – I
Salve, Rainha, Mãe de Deus; és Senhora, nossa Mãe, nossa doçura, nossa luz, doce Virgem Maria! Nós a ti clamamos, filhos exilados. Nós a ti voltamos nosso olhar confiante. Volta para nós, ó Mãe, teu semblante de amor! Dá-nos teu Jesus, ó Mãe, quando a noite passar. Salve, Rainha, Mãe de Deus, és auxílio do cristão, ó Mãe clemente, Mãe piedosa, doce Virgem Maria!

PRECE A MARIA – II
Maria, destes ao gênero humano os tesouros da salvação eterna, concedei que sintamos a intercessão daquela por quem recebemos o autor da vida, Jesus Cristo, vosso Filho, nosso Senhor. Amém.

SALVE, RAINHA DO CÉU – AVE REGINA COELORUM

Salve, Rainha do céu!
Salve, Senhora dos Anjos!
Salve, Raiz fecunda!
Salve, Porta do céu!
Por vós a luz levantou-se sobre o mundo.
Exultai, ó Virgem gloriosa,
entre todas a mais bela.
Salve, Esplendor radioso.
Orai por nós a Jesus.
Aceitai meu louvor, ó Virgem Santa.
Dai-me força contra todo mal.

Oremos: Ó Deus misericordioso, socorrei nossa fraqueza. Fazei que, celebrando a memória da Santa Mãe de Deus, possamos, por sua intercessão, ser livres de nossas iniquidades. Por Nosso Senhor Jesus Cristo, que convosco vive e reina, um só Deus, com o Espírito Santo. Amém.

SANTA MÃE DO REDENTOR – ALMA REDEMPTORIS MATER

Santa Mãe do Redentor.
Porta do céu sempre aberta.
Estrela do mar.
Socorrei o povo que caiu e quer levantar-se.

Vós gerastes, ante a natureza maravilhada, aquele que vos criou.

E permanecestes sempre Virgem, antes e depois do anúncio de Gabriel.

Tende compaixão dos pecadores.

Bendita sois vós entre as mulheres.
E bendito é o fruto de vosso ventre, Jesus.
Oremos: Senhor nosso Deus, que pela maternidade virginal da bem-aventurada Virgem Maria destes ao gênero humano os tesouros da salvação eterna, concedei que sintamos a intercessão daquela por quem recebemos o autor da vida, Jesus Cristo, vosso Filho, nosso Senhor. Amém.

SAUDAÇÃO MARIANA
Ave, cheia de graça.
Ave, cheia de amor.
Salve, ó Mãe de Jesus,
a ti nosso canto
e nosso louvor!

Mãe do Criador – Rogai.
Mãe do Salvador – Rogai.
Do libertador – Rogai por nós.
Mãe dos oprimidos – Rogai.
Mãe dos perseguidos – Rogai.
Dos desvalidos – Rogai por nós.

Mãe do boia-fria – Rogai.
Causa da alegria – Rogai.
Mãe das mães, Maria – Rogai por nós.
Mãe dos humilhados – Rogai.
Dos martirizados – Rogai.
Dos marginalizados – Rogai por nós.

Mãe dos despejados – Rogai.
Dos abandonados – Rogai.

Dos desempregados – Rogai por nós.
Mãe dos pescadores – Rogai.
Dos agricultores – Rogai.
Santos e Doutores – Rogai por nós.

Mãe do céu clemente – Rogai.
Mãe dos doentes – Rogai.
Do menor carente – Rogai por nós.
Mãe dos operários – Rogai.
Dos presidiários – Rogai.
Dos sem salários – Rogai por nós.

STABAT MATER

Estava a Mãe dolorosa
junto à Cruz e lacrimosa,
enquanto o Filho pendia.
Ali sua alma gemente,
contristada e condolente,
a espada de dor transiu!
Oh! Quão triste, quão aflita
esteve aquela bendita,
Mãe do unigênito seu!
Penava e se condoía
Mãe piedosa quando via
as penas do ínclito Filho.
Que homem, pois, não choraria
se visse a Virgem Maria
sofrer tão grande suplício?
E quem não se contristara
se a Mãe pia contemplara
padecendo com seu Filho?
Por culpas de sua gente,

viu Jesus cruelmente
flagelado com tormentos.
Ela viu seu Filho amado
morrendo desamparado
até quando rendeu o espírito.
Eia, Mãe, fonte de amor,
fazei-me sentir tal dor
que eu convosco também chore.
Fazei minha alma se inflame,
a Cristo Deus meu só ame
em ordem a comprazer-lhe.
Santa Mãe, fazei que essas
divinas chagas impressas
fiquem em meu coração.
De vosso Filho chagado,
o que por mim se há dignado
sofrer, aquinhoai comigo.
Em toda a minha existência,
de sincera condolência
por Jesus, chore eu convosco.
Junto à Cruz convosco estar
e a vós me consorciar
no pranto é que desejo.
Virgem das Virgens gloriosa,
não me sejais rigorosa,
fazei-me chorar convosco.
De Cristo a morte eu memore,
as santas chagas adore
e da Paixão participe!
Fazei-as bem vulnerar-me,
e de amor inebriar-me
a Cruz, o Sangue do Filho.

De cair no eterno fogo
livrai-me, ó Virgem, eu rogo
lá no dia do Juízo.
Ó Jesus! No último transe,
por vossa Mãe eu alcance
bela palma de vitória.
Quando a morte for chegada,
a minha alma seja dada
de vosso Paraíso a glória.
Amém.

SÚPLICA A MARIA
Santo Anselmo

Suplico-vos, ó Maria, pela graça com que o Senhor quis estar tão estreitamente unido a vós e vós com ele. Que eu esteja, por vossa misericórdia, com ele e convosco, que vosso amor esteja comigo e o cuidado de mim sempre convosco; que o sentimento de minhas necessidades esteja convosco e vossa bondade sempre comigo; que a alegria de vossa felicidade esteja sempre comigo e a compaixão de minha miséria sempre convosco!

VIM APENAS TE VER...
Dom Helder Câmara

Mãe, não quero nada.
Vim apenas te ver...
Em nome de todos os homens
que vivem te suplicando,
em nome de todos os irmãos
que já se aproximam de ti
de mãos estendidas,
deixa que eu esqueça um momento

o vale de lágrimas,
a terra das tristezas,
nossa miséria de mendigos,
nossa pobreza de criaturas,
nossa tristeza de pecadores,
para saudar-te,
Rainha dos Anjos,
Virgem-Mãe de Deus!

Bendito seja o Criador
de teu olhar boníssimo
que tem o dom
de acender a esperança
nas almas desalentadas,
nos corações em desespero,
à beira do abismo,
do irremediável,
do fim!

Bendito seja o Criador
de tuas mãos sem mancha
por onde passa toda a luz
que tomba sobre a escuridão dos homens!

Bendito seja o Criador
de tua sombra suavíssima
pois já notei, Mãe querida,
que bastam tua lembrança,
teu perfume,
para encher a solidão da vida,
a solidão do homem.

Mãe, não quero nada.
Vim apenas te ver.

ORAÇÕES INVOCANDO OS TÍTULOS DE NOSSA SENHORA

À IMACULADA – I

Maria! Tu és a jovem de Nazaré, pura, santa, imaculada, escolhida pelo Pai para ser a mãe de Jesus, Deus e homem, pela Ação do Espírito Santo. Santa mãe, nós te pedimos, pois, por tua Imaculada Conceição, que socorras sempre aqueles que caíram, mas que querem levantar-se diante de Deus. Amém.

À IMACULADA – II

Santo Afonso Maria de Ligório

Ó Maria, minha Senhora, minha Imaculada, alegro-me convosco por ver-vos enriquecida de tanta pureza. Agradeço e proponho agradecer sempre ao nosso comum Criador ter-vos ele preservado de toda mancha de culpa. Disto tenho plena convicção e, para defender este vosso tão grande e singular privilégio da Imaculada Conceição, juro dar até a minha vida. Consenti, pois, que vos louve, como vos louvou vosso próprio Deus: Toda sois formosa e em vós não há mancha. Ó pomba puríssima, toda cândida, toda bela, sempre amiga de Deus! Tende piedade de mim, ó Senhora, que desde o primeiro instante de vossa vida aparecestes bela e pura aos olhos de Deus! Amém.

À IMACULADA – III

São Maximiliano M. Kolbe

Ó Imaculada, Rainha do céu e da terra, sei

que não sou digno de aproximar-me de vós, nem de ajoelhar-me diante de vós, com a minha fronte posta no chão; mas, sendo que vos amo muito, ouso pedir que, por vossa bondade, vós mesma me digais quem sois!... Desejo, pois, conhecer-vos mais e mais, sem limites, para amar-vos com um ardor crescente, sem quaisquer limites.

Desejo, igualmente, dizer para as outras almas: quem sois, para que um número cada vez maior de almas vos conheça mais perfeitamente e vos ame cada vez mais ardorosamente. Até que vos torneis Rainha de todos os corações que vivem batendo na terra e que, por todos os tempos, chegarão a bater; e que isso aconteça o quanto antes, o quanto antes!

À IMACULADA – IV

R. Toda bela sois, ó Maria!
V. Em vós não há pecado original!
R. Em vós não há pecado original!
V. Vós sois a glória de Jerusalém!
R. Vós sois a alegria de Israel!
V. Vós sois a honra de nosso povo!
R. Vós sois a advogada dos pecadores!
V. Ó Maria!
R. Ó Maria!
V. Virgem prudentíssima!
R. Ó Mãe benigna!
V. Rogai por nós!
R. Intercedei por nós ao Senhor, Jesus Cristo!

À MÃE DA PERSEVERANÇA

Ó Mãe da Perseverança,
teus olhos volve a nós.
Da vida no mar revolto
se oculta abismo atroz.
Ai! Quanto batel sem norte
é triste presa da morte!

Ó Mãe da Perseverança,
ampara os filhos teus.
Se, um dia, com rota incerta,
vogarmos para Deus,
infunde em nossa fraqueza
celestial fortaleza!

Ó Mãe da Perseverança,
se, um dia, o céu sem luz,
nossa alma oprimir, velando
a face de Jesus:
ao Deus de eterna bondade
obtém-nos fidelidade!

Ó Mãe da Perseverança,
se tu nos vens guiar,
por entre sombras e luzes,
ao porto salutar:
o abismo da Divindade
será nossa eternidade.

A N. SRA. APARECIDA – I
Dom Gil Antônio Moreira
Ó incomparável Senhora da Conceição Apa-

recida, Mãe de meu Deus, Rainha dos Anjos, Advogada dos pecadores, Refúgio e Consolação dos aflitos e atribulados, ó Virgem Santíssima, cheia de poder e bondade, lançai sobre nós um olhar favorável, para que sejamos socorridos em todas as necessidades. Lembrai-vos, clementíssima Mãe Aparecida, que não consta que, de todos os que têm a vós recorrido, invocado vosso santíssimo nome e implorado vossa singular proteção, fosse por vós algum abandonado. Animado com esta confiança, a vós recorro: tomo-vos de hoje para sempre por minha Mãe, minha protetora, minha consolação e guia, minha esperança e minha luz na hora da morte. Assim, pois, Senhora, livrai-me de tudo o que possa ofender-vos e a vosso Filho, meu Redentor e Senhor Jesus Cristo. Virgem bendita, intercedei a Deus por nós e livrai-nos da peste, da fome, da guerra, dos raios, das tempestades e de outros perigos e males que nos possam flagelar. Soberana Senhora, dignai-vos dirigir-nos em todos os negócios espirituais e temporais; livrai-nos da tentação do demônio, para que, trilhando o caminho da virtude, pelos merecimentos de vossa puríssima Virgindade e do preciosíssimo sangue de vosso Filho, vos possamos ver, amar e gozar na eterna glória, pelos séculos dos séculos. Amém.

A N. SRA. APARECIDA – II
Marco Reis
Mãe morena, aparecida das águas, vem em

meu auxílio! Transforma minhas lágrimas, meus temores e dores em brilhos e cores de teu manto azul. Socorre-me, Mãe, nesses difíceis tempos. Volve para mim teus olhos piedosos e conforta-me. Mãe, embala-me, cobre-me com tuas bênçãos. Mãe morena, aparecida das águas, roga por nós. Roga por todos esses caminheiros da esperança que reside em ti. Aplaina nossa via--crucis, para que possamos mais tranquilamente estar contigo, agora e depois. Clareia, Mãe, nossa trajetória ao encontro de teu Filho. Acende em nós a fé. Somos as velas. Sê nossa chama hoje e sempre. Amém.

A N. SRA. APARECIDA – III
Dom Gil Antônio Moreira

Ó Maria, Mãe de Deus e nossa, Rainha e Padroeira do Brasil, simbolizada em vossa pequenina imagem de Aparecida, queremos louvar-vos com oração alegre, queremos suplicar vossa proteção constante. Amparai-nos no caminho da fé e do amor. Auxiliai-nos na construção da unidade tão desejada por vosso Filho Jesus: "Que todos sejam um, ó Pai, como eu e Tu, somos um". Assisti-nos, ó Mãe dos brasileiros, na edificação de uma sociedade onde reinem paz e segurança, em lugar de violência; solidariedade, em lugar de egoísmo; o bem-estar para todos, em lugar da miséria e da fome. Dai-nos, ó Mãe bondosa, em todas as paróquias e comunidades um fervoroso e crescente amor a Deus, à Igreja e ao próximo, sobretudo aos mais necessitados. Ó Senhora Aparecida, Mãe de Deus e nossa, intercedei ao Pai, em nome de vosso Filho, na força do Espírito Santo, por toda a nossa comunidade e por cada um de nós, vossos filhos. Amém.

A N. SRA. APARECIDA – IV

Virgem Imaculada, Senhora de Aparecida, confiantes nos prostramos diante de vós. De vosso santuário de Aparecida olhais para vosso povo. Sois a consoladora dos aflitos, a salvação dos pecadores, refúgio dos miseráveis, alívio e conforto dos enfermos. Unidos a nossos irmãos, hoje nos dirigimos a vós e elevamos nossa humilde e confiante súplica pela Igreja, pelo Papa, pelos bispos, sacerdotes e religiosos. Mãe e rainha do Clero e das vocações, protegei a Igreja; amparai e santificai o clero; multiplicai e conservai as vocações. Uni todos os homens em um só rebanho, sob a direção de um único pastor, o Papa. Concedei este dom à Igreja e ao mundo, ó Maria, medianeira de todas as graças. Amém.

Pai-Nosso, Ave-Maria, Glória ao Pai...

Ó Maria, Rainha e Mãe da Igreja, louvamos e agradecemos ao Senhor, que realizou em vós grandes coisas, vos fez imaculada, cheia de graça, sua mãe e mãe da Igreja, vos levou para o céu em corpo e alma, medianeira de todas as graças, rainha gloriosa do universo. Estes privilégios manifestam a glória de Deus e vossa grandeza, mas aconteceram e

acontecem para nosso bem. Ó mãe, do íntimo de nosso coração, nós vos pedimos a luz, a vida, o conforto. Imploramos para nosso pobre mundo confuso a paz, que é dom de Deus confiado ao homem. Pedimo-vos, Mãe de Deus e nossa. Amém.
Pai-Nosso, Ave-Maria, Glória ao Pai...

Ó Mãe de bondade e de graça, vosso coração é grande e atencioso. Tudo podeis. Ouvi nossa súplica. Dai a conversão aos pecadores, a resignação aos que sofrem, o conforto aos aflitos. Atendei aos necessitados, socorrei os pobres, dai trabalho aos operários e saúde a todos. Como um dia vosso coração se comoveu diante do sofrimento de Jesus, assim hoje se dirige aos sofrimentos de tantos de vossos filhos. Ó Mãe, enxugai nossas lágrimas, aliviai nossas aflições, consolai e socorrei a todos. Vosso olhar voltado para o céu e as mãos unidas em oração abram-nos o coração à esperança. Seremos atendidos pela intercessão onipotente de vosso coração de Mãe junto de Jesus.

Ó Maria, que a Igreja renasça de vosso esplendor imaculado e de vossas lágrimas de redentora, por obra do Espírito Santo. Amém.
Pai-Nosso, Ave-Maria, Glória ao Pai...

A N. SRA. APARECIDA, PELA IGREJA DO BRASIL
João Paulo II

Ó Mãe, fazei que esta Igreja, a exemplo de Cristo, servindo constantemente ao homem, seja a defensora de todos, em particular dos pobres e necessitados, dos socialmente marginalizados e espoliados. Fazei que a Igreja do Brasil esteja sempre a serviço da justiça entre os homens e contribua ao mesmo tempo para o bem comum de todos e para a paz social. Ó Mãe, abri os corações dos homens e dai a todos a compreensão de que, somente no espírito do Evangelho e seguindo o mandamento do amor e as bem-aventuranças do sermão da montanha, será possível construir um mundo mais humano, no qual será valorizada verdadeiramente a dignidade de todos os homens. Ó Mãe, concedei à Igreja do Brasil numerosas vocações sacerdotais e religiosas. Acolhei em vosso coração todas as famílias brasileiras. Acolhei os adultos e os anciãos, os jovens e as crianças. Acolhei os trabalhadores do campo e da indústria, os intelectuais das escolas e universidades, os funcionários de todas as instituições. Não cesseis, ó Virgem Aparecida, por vossa mesma presença, de manifestar nesta terra que o amor é mais forte do que a morte, mais poderoso que o pecado. Não cesseis de mostrar-nos Deus, que amou tanto o mundo, a ponto de entregar seu Filho Unigênito, para que nenhum de nós pereça, mas tenha a vida eterna. Amém.

A N. SRA. AUXILIADORA – I
São João Bosco
Ó Maria Virgem poderosa, tu, grande e ilustre defensora da Igreja, tu, auxílio maravilhoso

dos cristãos. Tu, terrível como exército ordenado em batalha. Tu, que só, destruíste toda heresia em todo o mundo: em nossas angústias, em nossas lutas, em nossas aflições, defende-nos do inimigo e, na hora da morte, acolhe nossa alma no Paraíso. Amém.

A N. SRA. AUXILIADORA – II
Pedindo bênção para a casa

Santíssima Virgem Maria, a quem Deus constitui Auxiliadora dos Cristãos, nós vos escolhemos como Senhora e Protetora desta casa. Dignai-vos mostrar aqui vosso auxílio poderoso. Preservai esta casa de todo perigo: do incêndio, da inundação, do rio, das tempestades, dos ladrões, dos malfeitores, da guerra e de todas as outras calamidades que conheceis. Abençoai, protegei, defendei, guardai como coisa vossa as pessoas que vivem nesta casa. Sobretudo concedei-lhes a graça mais importante: a de viverem sempre na amizade de Deus, evitando o pecado. Dai-lhes a fé que tivestes na Palavra de Deus e o amor que nutristes para com vosso Filho Jesus e para com todos aqueles pelos quais Ele morreu na Cruz. Maria, Auxílio dos Cristãos, rogai por todos os que moram nesta casa que vos foi consagrada. Assim seja.

A N. SRA. CONSOLADORA

Nossa Senhora Consoladora, Mãe de Jesus, Mãe da Igreja e Mãe de todos os homens, dai-me fé para seguir sempre Jesus Cristo, vosso

Filho. Quero, como vós fizestes, estar sempre perto de Jesus, em todos os momentos da vida, Mãe de Cristo, minha Mãe! Ajudai-me em minhas lutas. Ajudai-me em meus trabalhos. Ajudai-me a ser consciente de minha missão de cristão. Que a graça de Deus esteja sempre em mim e que eu possa comunicar essa mesma graça a meus irmãos. Virgem Maria, eu vos saúdo, cheia de graça; eu vos louvo por serdes a Mãe de Cristo e minha Mãe. Ave, Maria, cheia de graça! Amém.

A N. SRA. DA AJUDA

Mãe Santíssima da Ajuda, Virgem pura e Imaculada, ouvi como especial Advogada nossos clamores. Mostrai-nos vosso poder profundo. O céu e a terra, o mundo inteiro vos venera, até o inferno a vós se rende, ó Senhora! Procuramos vosso abrigo como filhos miseráveis, pois são mais admiráveis vossos prodígios. Queremos, Senhora, seguir vossos vestígios. Sede sempre nossa Protetora e Advogada, socorrei a nós e a nossas famílias, alcançai a todos as graças que vos pedimos, e enfim a eterna felicidade do céu. Abençoai-nos e protegei-nos, ó Virgem Mãe Santíssima. Amém.

A N. SRA. DA ABADIA
Dom Benedito U. Vieira

Senhora da Abadia, Filha dileta de Deus-Pai, Mãe de Jesus, nosso Salvador, Esposa do Espírito Santo, eis-me aqui, diante de vossa imagem, para consagrar-me inteiramente a vós. Trago-vos, Senhora, minha vida, meu trabalho, os sofrimentos e as alegrias, as lutas e as esperanças, tudo o que tenho e que sou, para oferecer a vosso Filho por vossas mãos de Mãe. Sou todo vosso, ó Maria. Peço vossa proteção para nunca abandonar a fé católica, traindo a Jesus. Conservai-me na graça de vosso divino Filho. Dai-me força para viver de verdade o amor fraterno e assumir minha responsabilidade de cristão no mundo. Ó Senhora da Abadia, aceitai-me como filho e guardai-me sob vosso manto protetor. Amém.

A N. SRA. DA AGONIA

Ó Maria, Rainha dos Mártires, Senhora da Agonia, vós que permanecestes de pé junto à Cruz de vosso divino Filho Jesus e, a suas palavras: "Mulher, eis teu filho". "Filho, eis tua Mãe", tornastes-vos nossa Mãe, acolhei, com bondade, nossa prece filial. Ó Senhora da Agonia, assim como o discípulo acolheu-vos em sua casa, também nós queremos abrir-vos as portas de nossos corações, de nossos lares, consagrando-vos toda a nossa vida: passada, presente e futura. Exercei, pois, vossa função de Mãe, ensinando-nos a viver, em todos os momentos, a vontade de Deus, levando-nos, assim, a imitar vosso sim de Nazaré, que culminou com o sim do Calvário. Vinde, ó Mãe, em socorro de nossas angústias, não permitindo que nos desviemos do caminho do bem, da verdade, do amor! Conduzi nossas vidas ao porto seguro da salvação, que é Jesus! Ousando somar nossas agonias às vossas, diante desta dificuldade *(dizer o pedido)*, recorremos a vossa maternal proteção, com a confiança de que não ficaremos decepcionados em nossas súplicas. Amém.

Nossa Senhora da Agonia, rogai por nós!

A N. SRA. DA AMÉRICA
Cardeal Pirônio

Virgem da esperança, a América desperta! Sobre suas montanhas desponta a luz de uma nova manhã. É o dia da salvação que se aproxima. Sobre os povos que caminhavam na treva, brilhou uma luz! Essa luz é o Senhor, que tu nos deste, há muito tempo, em Belém, à meia-noite. Queremos caminhar na esperança! Que os bispos tenham um coração de Pai. Que os sacerdotes sejam os amigos de Deus para os homens. Que os religiosos mostrem a alegria antecipada do Reino dos céus. Que os leigos sejam, diante do mundo, testemunhas do Senhor Ressuscitado. Nossa Senhora da América, ilumina nossa esperança, alivia nossa pobreza, peregrina conosco para o Pai. Assim seja!

A N. SRA. DA ASSUNÇÃO – I
Dom Antonio Afonso de Miranda, SDN

Louvores a vós, Senhora nossa, porque fostes levada para o céu, em corpo e alma, terminado o tempo de vossa vida aqui na terra! Louvores se elevem de todos os corações a vossa glorificação como Mãe de Cristo e Mãe da Igreja! Louvores vos sejam dados pelos Anjos, que nos levaram, a mando de Deus, até o supremo trono da Rainha do Universo! Vós sois as primícias da Igreja peregrina que, em vós, participa da Glória de Cristo Ressuscitado. Em vós, ó Mãe, estão todas as mães da terra, que geram e educam filhos para a Igreja. Em vós, todos os cristãos do mundo, que vivem o estado de graça na esperança da vida ressuscitada. Em vós, as numerosas virgens e todos os consagrados, que se oferecem a Deus na castidade, na pobreza e na obediência. Em vós, todos os Bispos, Padres e Diáconos, que em vosso nome alimentam e fortalecem a Igreja com a Palavra de Deus e os Sacramentos. Em vós, a infinidade de almas missionárias, que, em todos os recantos do mundo, evangelizam o povo que Cristo conquistou no alto da Cruz. Em vós, enfim, a Igreja toda, que caminha na Terra, cheia de esperança de que há de participar da Glória do Céu. Olhai, benigna e amorosa, ó Senhora da Assunção, para nós que vos veneramos e amamos como Nossa Mãe e Rainha. Afastai de nós os perigos e ameaças do espírito do mal, obtendo-nos, copiosa, a graça do Divino Espírito, para que ilumine, fortaleça e guie a Igreja de vosso amado Filho. Baixai vossos olhos, solícitos e misericordiosos, sobre esta Paróquia de que sois a Padroeira. Uni as famílias, protegei a juventude e a infância, obtende-nos a pureza dos costumes e intensa caridade entre nós e para com todos. Afastai de nosso meio os vícios do alcoolismo, das drogas e da imoralidade. Afugentai o desemprego, fazei desabrochar entre nós o espírito de partilha e a paz social. Tomai-nos pela mão e guiai-nos até a celeste morada, para convosco contemplarmos a Trindade Santíssima, Pai, Filho e Espírito Santo, por todos os séculos. Amém.

A N. SRA. DA ASSUNÇÃO – II

Maria, com teu esposo José tu te dirigiste ao templo. Irias apresentar teu Filho, Jesus. Alegremente, com teus pobres dons fizeste o ofertório de teu Jesus ao Pai de todas as luzes. E encontraste à porta do templo um ancião, cheio de anos e repleto de esperança. Ele arregalou os olhos, contemplou o menino e, olhando para o alto, pediu que o Senhor o levasse porque seus olhos tinham visto a salvação prometida a todos os povos. Ele dizia, Maria, que teu Filho era a luz para iluminar as nações. Será, Maria da Luz e Maria da Candelária, que compreendeste as palavras que o ancião te dirigiu? Uma espada de dor haveria de traspassar teu imaculado e delicado coração. Mais tarde, bem mais tarde, quando estiveste ao pé da cruz, haverias de sentir o gládio da dor penetrar dolorosamente teu peito, Maria da Luz e Maria da Candelária. Amém.

A N. SRA. DA ASSUNÇÃO – III

Senhor Jesus, levando tua Santa Mãe ao Céu com corpo e alma, tu mostraste em Maria o que pretendes fazer conosco se nos assemelharmos a ela na fidelidade, executando os planos do Pai Celeste. Ajuda-me, Senhor, a ser fiel no fazer a vontade do Pai e no viver de acordo com teus ensinamentos. À semelhança de Maria, quero adotar tua vontade divina como minha vontade humana. Quero voltar-me inteiramente para ti, a fim de estar a tua disposição para te servir, para atender teus desejos, percorrer teus caminhos, executar teus planos e ter contigo o mesmo querer, como fez Maria. Maria, Mãe querida, ajuda-me a viver de acordo com teu conselho: "Faze tudo o que Ele te disser". Amém.

A N. SRA. DA BOA VIAGEM
Dom Antonio dos Santos Cabral

Virgem Santíssima, Senhora da Boa Viagem, esperança infalível dos filhos da Santa Igreja, sois guia e eficaz auxílio dos que transpõem a vida por entre perigos do corpo e da alma. Refugiando-nos sob vosso olhar materno, empreendemos nossas viagens certos do êxito que obtivestes quando vos encaminhastes para visitar vossa prima Santa Isabel. Em ascensão crescente na prática de todas as virtudes transcorreu vossa vida, ate o ditoso momento de subirdes gloriosa para os céus; nós vos suplicamos, pois, ó Mãe querida: velai por nós, indignos filhos vossos, alcançando-nos a graça de seguir vossos passos, assistidos por Jesus e José, na peregrinação desta vida e na hora derradeira de nossa partida para a eternidade. Amém.

A N. SRA. DA CABEÇA – I

Salve, Imaculada, Rainha da Glória, Virgem Santíssima da Cabeça, em cujo admirável título fundam-se nossas esperanças, por serdes Rainha e Senhora de todas as criaturas. "Refúgio dos pecadores, rogai por nós." Essa jaculatória, repetida milhares de vezes em todo o universo, sobe ao trono de glória em que estais sentada e volta à terra, trazendo aos pobres pecadores torrentes de luzes e de graças. Socorrei-me, pois, ó dulcíssima Senhora da Cabeça. Eu vos suplico com filial confiança, pelos merecimentos das dores que sentistes ao ver vosso Divino Filho com a cabeça coroada de espinhos, que me livreis, e a todos os meus, de qualquer enfermidade da cabeça. Rogo-vos, também, ó Virgem poderosíssima da Cabeça, que intercedais junto ao Bom Jesus, vosso dileto Filho, pelos que sofrem desses males, a fim de que, completamente curados, glorifiquem a Deus e exaltem vossa maternal bondade.

Pai-nosso, Ave-Maria, Glória ao Pai e Salve, Rainha.

Nossa Senhora da Cabeça, rogai por nós.

A N. SRA. DA CABEÇA – II

Eis-me aqui, prostrado a vossos pés, ó mãe do céu e Senhora nossa! Tocai meu coração a fim de que deteste sempre o pecado e ame a vida austera e cristã que exigis de vossos devotos. Tende piedade de minhas misérias espirituais! E, ó Mãe terníssima, não vos esqueçais também das misérias que afligem meu corpo e enchem de amargura minha vida terrena. Dai-me saúde e forças para vencer todas as dificuldades que me opõe o mundo. Não permitais que minha pobre cabeça seja atormentada por males que me perturbem a tranquilidade da vida. Pelos merecimentos de vosso divino Filho, Jesus Cristo, e pelo amor que a ele consagrais, alcançai-me a graça que agora vos peço (*pedir a graça desejada*). Aí tendes, ó Mãe poderosa, minha humilde súplica. Se quiserdes, ela será atendida.

Nossa Senhora da Cabeça, rogai por nós.

A N. SRA. DA CONCEIÇÃO
Santíssima Virgem, eu creio e confesso vossa santa e imaculada Conceição pura e sem mancha. Ó puríssima Virgem Maria, por vossa Conceição Imaculada e gloriosa prerrogativa de Mãe de Deus, alcançai-me de vosso amado filho a humildade, a caridade, a obediência, a castidade, santa pureza do coração, do corpo e alma, a perseverança na prática do bem, uma santa vida e uma boa morte. Amém.

Ó Maria concebida sem pecado, rogai por nós que recorremos a vós!

A N. SRA. DA CONCEIÇÃO APARECIDA
Pedindo a bênção para sua casa
Dom Geraldo de Ávila
Ó Senhora da Conceição Aparecida, nossa Rainha e bondosa Mãe, abençoai esta nossa casa, amparai nossa família e livrai todos os que aqui habi-

tam de todos os males, das doenças, dos acidentes, de todos os perigos que possam afligir nosso corpo e nossa alma. Fazei reinar a concórdia, a união, o respeito. A vosso Coração Imaculado consagramos nossa família. Seja esta casa como a casa de Nazaré, um lugar de paz, alegria e felicidade. Todos aqui cumpram a vontade de Deus, pela oração diária e leitura da Palavra do Senhor, pela Missa de cada domingo e por uma vida de amor e caridade. Ó Virgem Maria, Senhora nossa, fazei que um dia este lar, que na terra a vós pertence, seja reconstituído no céu, onde será nossa eterna morada. Protegei-nos, guardai-nos, salvai-nos! Amém.

A N. SRA. DA CONCEIÇÃO MONTESINA

Ó Virgem Maria, abençoada sois pelo Senhor Deus Altíssimo, entre todas as mulheres da terra. Vós sois a mãe do Cristo, nosso salvador e a honra de nosso povo. Salve, ó Virgem Maria, honra de nossa região, a quem rendemos um culto de piedade e veneração, a quem chamamos com o nome de Senhora da Conceição Montesina. Quem poderá contar, ó doce mãe, quantas graças, durante tantos anos, vós dispensastes aos devotos que a vosso Santuário vem? Quando erguemos a Deus Pai nossas mãos suplicantes, rogai por nós, ó Mãe querida, rogai por nossa comunidade, para que vivamos em espírito de Igreja, obedientes a nossos pastores e unidos entre nós. Derramai vossas bênçãos para vencermos as lutas da vida e, um dia, podermos merecer a felicidade eterna do céu. Amém.

A N. SRA. DA CONSOLAÇÃO – I
Pelas almas

Ó Mãe compassiva da Consolação, olhai, eu vos rogo, para as benditas almas do purgatório. Elas são o caríssimo objeto de amor de vosso divino Filho; elas o amaram durante a vida e no presente ardem em desejos de vê-lo e possuí-lo; não podem, porém, romper por si mesmas as cadeias e nem sair dessa situação. Que vosso terno coração se comova por elas. Dignai-vos consolar aquelas almas que vos amam e, constantes, suspiram por vós; são filhas vossas, mostrai que sois para elas Mãe da Consolação. Visitai-as, mitigai-lhes as penas, abreviai-lhes a expectativa, apressai-vos em libertá-las, alcançando que vosso divino Filho lhes aplique os merecimentos infinitos do santo sacrifício que por elas se celebra.

Pai-nosso, Ave-Maria e Glória ao Pai.

A N. SRA. DA CONSOLAÇÃO – II

Ó Santíssima Virgem Maria que, para inspirar-nos uma ilimitada confiança, quisestes tomar o dulcíssimo nome de Mãe da Consolação, eu vos suplico me consoleis em todo o tempo e lugar; em minhas tentações, em minhas recaídas, dificuldades e misérias e mais que tudo na hora da morte. Concedei-me, ó amantíssima Mãe, o pensamento e o costume de recorrer sempre a vós porque estou certo de que sendo eu fiel em invocar-vos, vós mais o sereis em consolar-me. Obtende-me, pois, esta que é a maior das graças, recorrer a vós sem cessar e sempre, com confiança de filho, a fim de que, em virtude de minha constante súplica, mereça vossa perpétua consolação e a perseverança final. Dai-me, ó terna e cuidadosa Mãe, vossa bênção e rogai por mim agora e na hora de minha morte. Amém.

A N. SRA. DA CONSOLAÇÃO – III
Pelas almas

Ó Mãe compassiva da Consolação, olhai, eu vos rogo, para as benditas almas do purgatório. Elas são o caríssimo objeto de amor de vosso divino Filho; elas o amaram durante a vida e ao presente ardem em desejos de vê-lo e possuí-lo; não podem, porém, romper por si mesmas as cadeias e nem sair desta situação. Que vosso terno coração se comova por elas. Dignai-vos consolar aquelas almas que vos amam e, constantes, suspiram por vós; são filhas vossas, mostrai que sois para elas Mãe da Consolação. Visitai-as, mitigai-lhes as penas, abreviai-lhes a expectativa, apressai-vos em libertá-las, alcançando que vosso divino Filho lhes aplique os merecimentos infinitos do santo sacrifício que por elas se celebra. Amém.

Pai-nosso, Ave-Maria e Glória ao Pai.

A N. SRA. DA DEFESA

Nossa Senhora da Defesa, virgem poderosa, recorro a vossa proteção contra todos os assaltos do inimigo, pois vós sois o terror das forças malignas. Eu seguro em vosso manto santo e me refugio debaixo dele para estar guardado, seguro e protegido de todo mal. Mãe Santíssima, refúgio dos pecadores, vós recebestes de Deus o poder para esmagar a cabeça da serpente infernal e com a espada levantada afugentar os demônios que querem acorrentar os filhos de Deus. Curvado sob o peso de meus pecados, venho pedir vossa proteção hoje e em cada dia de minha vida, para que, vivendo na Luz de vosso Filho, Nosso Senhor Jesus Cristo, eu possa, depois desta caminhada terrena, entrar na pátria celeste. Amém.

A N. SRA. DA DIVINA PROVIDÊNCIA

Ó Maria, Virgem Imaculada, Mãe da Divina Providência, sustentai minha alma com a plenitude de vossa graça; governai minha vida e dirigi-me nas veredas da virtude ate o cumprimento perfeito da divina vontade. Alcançai-me o perdão de minhas culpas; sede meu refúgio, minha proteção, defesa e guia na peregrinação deste mundo; consolai-me em minha aflição, sustentai-me no perigo, sede-me seguro asilo nas tormentas da adversidade! Alcançai-me, ó Maria, a renovação interna do coração para que se torne morada santa de vosso divino Filho Jesus; afastai de mim, sempre fraco e mísero, todo o pecado, toda a negligência, languidez, pusilanimidade e respeito humano; tirai inteiramente de meu coração o orgulho, a vanglória, o amor próprio e todas as afeições terrenas que forem obstáculo à eficácia de vos-

sa proteção. Ó dulcíssima Mãe da Providência, lançai um olhar materno sobre mim, e se por fraqueza ou por malícia atraí sobre mim as ameaças do eterno Juiz ou contristei o Coração Sagrado do meu amável Jesus, cobri-me com o manto de vossa proteção, e serei salvo. Vós sois minha esperança sobre esta terra; fazei que possa saudar-vos no Céu como Mãe da glória. Assim seja.
Rezar três Ave-Marias.

A N. SRA. DA GLÓRIA – I

Ó dulcíssima soberana, Rainha da Glória, bem sabemos que, miseráveis pecadores, não éramos dignos de vos possuir neste vale de lágrimas, mas sabemos também que vossa grandeza não vos faz esquecer nossa miséria e, no meio de tanta glória, vossa compaixão, longe de diminuir, aumenta cada vez mais para conosco. Do alto desse trono em que reinais sobre todos os anjos e santos, volvei para nós vossos olhos misericordiosos; vede a quantas tempestades e mil perigos estaremos, sem cessar, expostos até o fim de nossa vida! Pelos merecimentos de vossa bendita morte obtende-nos o aumento da fé, da confiança e da santa perseverança na amizade de Deus, para que possamos, um dia, ir beijar vossos pés e unir nossas vozes às dos espíritos celestes, para louvar e cantar vossas glórias eternamente no céu. Assim seja.
Rezar três Ave-Marias.

A N. SRA. DA GLÓRIA – II

Nossa Senhora da Glória, ornada das mais fulgurantes estrelas do firmamento, sentada em vosso trono na corte do Altíssimo, vinde em meu socorro, amparai-me nas tribulações, protegei-me contra as ciladas do espírito das trevas, acorrei em meu auxílio. Nossa Senhora da Glória, graças vos sejam dadas, louvores sejam entoados a vossa pureza. Santa Mãe de Nosso Senhor Jesus Cristo que padeceu e morreu na cruz por nossos pecados. Amém.

A N. SRA. DA GUIA
José Dutra

Ó Maria Santíssima, eu vos louvo e bendigo, porque aceitastes gerar em vosso seio puríssimo, por obra do Espírito Santo, Jesus, o Filho de Deus, Salvador do mundo, tornando-vos a Mãe e a primeira discípula daquele que veio para ser a Luz de todos os povos, o Caminho, a Verdade e a Vida. Vós, que levastes Jesus, ainda em vosso seio, para santificar João Batista no seio de sua mãe Isabel; vós, que protegestes o Menino Jesus, em seu nascimento, o amamentastes e lhe ensinastes os primeiros passos: protegei as criancinhas e guiai todas as mães, para que elas ensinem seus filhos a amar e a seguir Jesus. Ó Virgem bendita, guiai todos os meus passos, protegei-me em todos os perigos e livrai-me de todo o mal. E, em todas as circunstâncias de minha vida, mostrai-me Jesus, que é o Caminho que me conduz ao Pai, a Verdade que me liberta e a Vida que me salva. Ó Virgem Santíssima, Nossa Senhora da Guia, abençoai e guiai nosso Papa N..., nosso bispo N..., todo o clero e todo o Povo de Deus. Convertei os pecadores e fazei que todos os homens e mulheres conheçam Jesus Cristo, nele creiam e nele tenham a salvação. Amém.

A N. SRA. DA LUZ

Gloriosa Senhora da Luz, aurora fecunda do Grande Sol Divino que iluminou a pobre humanidade, envolta nas trevas do pecado, sede a estrela fulgurante, que guie nossos passos nos caminhos da perfeição e do bem.

Viestes várias vezes à terra trazer a vossos filhos aflitos a doce mensagem de paz e de amor. Fazei que, aos clarões de vossa bondade, eu robusteça minha fé, afervore meu coração, necessitado da graça de Deus. Abençoai nossas famílias, para que elas sejam santuários de virtudes cristãs. Renovai os costumes de nossa sociedade, para que nela reinem a pureza, a ordem e a concórdia fraternal.

Iluminai nossos coordenadores espirituais. Abençoai todos os leigos engajados nos serviços da evangelização. Despertai em muitos outros o desejo de servir a vosso filho em nossas famílias e comunidades.

Virgem Mãe, Senhora da Luz, abençoai vossos devotos, que esperam, à luz de vossa proteção, alcançar um dia a eterna posse do céu. Amém.

A N. SRA. DA MEDALHA MILAGROSA

Ó Imaculada Virgem, Mãe de Deus e nossa Mãe, ao contemplar-vos de braços abertos espargindo graças sobre os que vo-las pedem, cheios da mais viva confiança em vossa poderosa e segura intercessão, inúmeras vezes manifestada pela Medalha Milagrosa, embora reconhecendo nossa indignidade por causa de nossas numerosas culpas, ousamos acercar-nos de vossos pés para vos expor nossas prementes necessidades...

(Um instante de silêncio. Pedem-se as graças que se desejar.)

Concedei, pois, ó Virgem da Medalha Milagrosa, este favor que confiantes vos solicitamos para maior glória de Deus, engrandecimento de vosso nome e bem de nossas almas. E, para melhor servir-vos a vosso divino Filho, inspirai-nos um profundo ódio do pecado e dai-nos coragem de nos afirmar sempre verdadeiros cristãos. Amém.

Três Ave-Marias, acrescentando em cada uma:
"Ó Maria, concebida sem pecado, rogai por nós que recorremos a vós!"

A NOSSA SENHORA DA PAZ – I
Cardeal Martini

Ó Maria, doce Mãe de Jesus Cristo, o Príncipe da paz, eis a vossos pés vossos filhos tristes, perturbados e cheios de confusão, pois se afastou de nós a paz por causa de nossos pecados. Intercedei por nós, para que gozemos a paz com

Deus e com nosso próximo, por vosso Filho Jesus Cristo. Ninguém pode dá-la, senão este Jesus que recebemos de vossas mãos. Quando nasceu em Belém, os anjos nos anunciaram a paz e quando Ele abandonou o mundo, no-la prometeu e deixou-a como sua herança.

Vós, ó Bendita, que trazeis sobre vossos braços o Príncipe da Paz, mostrai-nos este Jesus e deitai-o em nosso coração. Ó Rainha da Paz, estabelecei entre nós vosso reino e reinai com vosso Filho no meio de vosso povo que, cheio de confiança, se recomenda a vossa proteção. Afastai para longe de nós os sentimentos de amor próprio; expulsai de nós o espírito de inveja, de maldição e de discórdia. Fazei-nos humildes na fortuna, fortes em paciência e em caridade nos sofrimentos, firmes e confiantes na Divina Providência. Abençoai-nos dirigindo nossos passos no caminho da paz, da união e da mútua caridade, para que, formando aqui vossa família, possamos no céu bendizer-vos e a vosso divino Filho por toda a eternidade. Assim seja.

A N. SRA. DA PAZ – II

Ó Maria, doce Mãe de Jesus Cristo, Príncipe da Paz, eis a vossos pés vossos filhos tristes, perturbados e cheios de confusão, pois se afastou de nós a paz por causa de nossos pecados. Intercedei por nós, para que gozemos a paz com nosso Deus e nosso próximo, por vosso Filho Jesus Cristo. Ninguém pode dá-la senão esse vosso Filho, que recebemos de vossas mãos. Quando nasceu de vossas puríssimas entranhas em Belém, os anjos nos anunciaram a paz, e quando abandonou o mundo ele no-la prometeu e deixou-a como sua herança. Vós, ó Bendita, trazeis sobre vossos braços o Príncipe da Paz, mostrai-nos esse Jesus e deitai-o em nosso coração! Ó Rainha da Paz, estabelecei entre nós vosso reino e reinai com vosso Filho no meio de vosso povo que, cheio de confiança, se recomenda a vossa proteção. Afastai para longe de nós os sentimentos de amor próprio; expulsai de nós o espírito de inveja, de maledicência, de ambição e de discórdia! Fazei-nos humildes na fortuna, fortes no sofrimento, em paciência e caridade, firmes e confiantes na divina Providência! Com o Menino nos braços, abençoai-nos, dirigindo nossos passos no caminho da paz, da união e mútua caridade, para que, formando aqui vossa família, possamos no céu bendizer-vos e a vosso divino Filho por toda a eternidade. Assim seja.

A N. SRA. RAINHA DA PAZ – III

Ó Coração Imaculado de Maria, repleto de bondade, mostrai-nos vosso Amor. A chama de vosso coração, ó Maria, desça sobre todos os homens! Nós vos amamos infinitamente! Imprimi em nossos corações o verdadeiro amor, para que sintamos o desejo de vos buscar intensamente, ó Maria. Vós que tendes um coração suave e humilde, lembrai-vos de nós quando cairmos no pecado. Vós sabeis que todos os homens pecam. Concedei que, por meio de vosso imaculado e materno coração, sejamos curados de todas as doenças espirituais. Atendei a um pedido, em especial, que vos faço agora, ó Mãe *(fazer o pedido)*. Fazei que possamos sempre contemplar a bondade de vosso coração materno e nos convertamos, por meio da chama de vosso coração. Rainha da Paz, rogai por nós. Amém.

A N. SRA. DA PENHA – I
Virgem Santíssima, Nossa Senhora da Penha, sois a Consoladora dos aflitos. Infundi em nossos corações o conforto e o alívio. Sois nossa esperança. Em vós depositamos nossa confiança e esperamos de vossa bondade o lenitivo para as dores que nos acabrunham. Assisti-nos neste vale de lágrimas. Enxugai-nos o pranto, para que, na paciência e na conformidade com a vontade divina, possamos merecer vossas bênçãos e as de Jesus, vosso divino Filho. Amém.

A N. SRA. DA PENHA – II
Ó Virgem da Penha, protetora nossa e mãe cheia de Misericórdia, eis-me aqui a vossos pés, implorando vosso auxílio. Dai-me a mim, vosso devoto, a graça de conhecer cada vez mais a felicidade de ser filho da Igreja Católica, de sempre poder receber seus santos sacramentos e de também poder morrer no seio da mesma Santa Igreja. Dai a nossas famílias a graça de

poderem viver em paz e harmonia, com as bênçãos do grande Sacramento do Matrimônio. Dai a nossa Pátria vossa valiosa proteção, guardando-lhe a verdadeira fé e libertando-a de todos os perigos. Ó Virgem Santíssima, livrai-nos de todos os males e protegei-nos na vida e na hora da morte. Assim seja.
Rezam-se três Ave-Marias.

A N. SRA. DA SALETE

Lembrai-vos, ó Nossa Senhora da Salete, das lágrimas que derramastes no Calvário. Lembrai-vos também dos angustiosos cuidados que tendes por mim para livrar-me da justiça de Deus. Depois de terdes demonstrado tanto amor por mim, não podeis abandonar-me. Animado por este pensamento consolador, venho lançar-me a vossos pés, apesar de minhas infidelidades e ingratidões. Não rejeiteis minha oração, ó Virgem reconciliadora, mas atendei-me e alcançai-me a graça que tanto necessito. Ajudai-me a amar a Jesus sobre todas as coisas. Eu quero enxugar vossas lágrimas por meio de uma vida santa e assim merecer um dia viver convosco e desfrutar a felicidade eterna do céu. Amém.

A N. SRA. DA SAÚDE – I

Maria, Mãe de Jesus, coloco-me junto de ti, em humilde oração. Tu te mostraste tão verdadeira e tão admirável em tuas qualidades humanas, atenta, forte e decidida. Vem fazer tua presença – agora – quando sinto dificuldade em acolher o mistério de Jesus Cristo em minha vida. É difícil compreender tanto sofrimento humano, tanta limitação, em mim e nos irmãos, tantos irmãos sofredores. Ó Mãe solícita, envolve-me a mim e a todos os que sofrem doenças e dores, físicas, emocionais e morais; ajuda-nos com tua vida e tua coragem. Tu me vês, tu me ouves e estás sempre junto de mim, com teu carinho de mãe. Dá-me força para vencer e assumir, nos momentos de dor, cansaço e, muitas vezes, de angústias. Torna-me simples e paciente como tu, pessoa de fé e que sabe escutar Deus, na vida, na Palavra de Deus e nos acontecimentos do mundo. Oferece comigo minhas preocupações e dores, associando a teus sofrimentos e aos sofrimentos de teu Filho Jesus, tu que soubeste aceitar as cruzes e os sofrimentos de tua vida, que soubeste estar firme ao pé da cruz de Jesus, até o fim. Alcança-me do Pai, por Jesus Cristo, todos os dons do Espírito Santo e a esperança da ressurreição, que promete a vitória sobre toda dor e a morte. Amém.

Salve-Rainha.

A N. SRA. DA SAÚDE – II

Ó Senhora da Saúde, Mãe e Protetora nossa, Advogada dos doentes e dos aflitos, vinde nos atender em nossas necessidades, vinde nos socorrer em nossas enfermidades, vinde nos consolar! Volvei vosso olhar magnânimo e piedosíssimo, protegendo-nos nas horas de nossos apuros! Ouvi nossos rogos, pois com a maior confiança lançamos a vossos pés, implorando-vos o auxílio e o perdão! Visitai nossos lares, quando a dor os rondar insistente e perniciosa! Aliviai-nos e pressurosa nos atendei, ó Senhora da Saúde, quando bater a nossa porta a doença ou a infelicidade! Não fiamos em nossos merecimentos nem em nossas obras, mas sim nos méritos infinitos de Jesus e em nosso Maternal Amor, porque sois a todo-poderosa, quando suplicais! Amém.

A N. SRA. DA SAÚDE – III

Virgem Puríssima, que sois a Saúde dos Enfermos, o Refúgio dos Pecadores, a Consoladora dos Aflitos e a Despenseira de todas as graças, em minha fraqueza e em meu desânimo, apelo hoje, para os tesouros da vossa divina misericórdia e bondade, e atrevo-me a chamar-vos pelo doce nome de Mãe. Sim, ó Mãe, atendei-me em minha enfermidade, dai-me a saúde do corpo para que possa cumprir meus deveres com ânimo e alegria, e com a mesma disposição sirva a vosso Filho e Nosso Senhor, Jesus Cristo, e agradeça a vós, Saúde dos Enfermos. Nossa Senhora da Saúde, rogai por nós. Amém.

A N. SRA. DA SAÚDE – IV

Nossa Senhora da Saúde, a ti recorremos implorando saúde. Tu, que por vontade do Pai, foste a responsável pela saúde de Nosso Salvador, ajuda-nos a readquirir a saúde. Tu que educaste o Menino Jesus, amigo solidário dos pobres e doentes, com maternal presença, ajuda-nos para que possamos viver confiantes na salvação eterna, também nos momentos mais difíceis da doença. Mãe protetora, ajuda-nos a recuperar as forças físicas e morais, para que vivamos na alegria do Evangelho de Jesus Cristo, a dimensão do Amor e da Fraternidade, assumindo e respondendo ao Amor Infinito que Deus tem para cada um de nós. Amém.

A N. SRA. DA VISITAÇÃO
Charles Singer

Isabel exclamou em voz alta: "Bendita és tu entre as mulheres e bendito é o fruto do teu ventre". Maria abençoada, Maria escolhida, Maria chamada, Maria confiante, Maria atenta, Maria fiel, Maria que responde com alegria! Maria cheia de graça: por ti o Messias prometido nos foi dado. Por ti, a bênção prometida, como um orvalho transparente, espalhou-se sobre a terra ressecada. Ó Maria bendita, leva-me até o Salvador. Maria feliz, o filho de Deus, o fruto de tuas entranhas: Jesus, teu filho, é a felicidade que Deus restitui a todos os seus filhos da terra! Ó Maria, mãe da felicidade, leva-me até o Senhor. Amém.

A N. SRA. DAS GRAÇAS – I

Ó Maria, Mãe admirável de Nosso Senhor Jesus Cristo, Mãe de Deus, e por isso Mãe da Divina Graça! Por Deus fostes estabelecida depositária, tesoureira, medianeira e dispensadora de todas as graças! Com toda confiança apelamos para o vosso Imaculado Coração de Mãe, suplicando nos obtenhais a nós e a todos os homens as graças gerais e especiais: aos justos a perseverança; às almas tristes, consolação; aos corações desanimados, coragem e confiança; aos enfermos, cura e saúde; aos pecadores, arrependimento e perdão; às almas do purgatório, alívio e livramento; enfim, a cada um de nós, as graças particulares... para as quais imploramos neste momento, de um modo especial, o socorro de vossa bondade maternal e de vosso poder. Solicitamos sobretudo, ó Mãe Santíssima, vossa assistência na hora de nossa morte, a fim de que, neste derradeiro momento, possamos ser achados dignos de participar da glória de Jesus, vosso Divino Filho, que, sendo Deus, vive e reina, com o Pai e o Espírito Santo, por todos os séculos dos séculos. Amém.

Nossa Senhora das Graças, rogai por nós!

A N. SRA. DAS GRAÇAS – II

Ó Imaculada Virgem Mãe de Deus e nossa Mãe, ao contemplar-vos de braços abertos derramando graças sobre os que vo-las pedem, cheios de confiança em vossa poderosa intercessão, inúmeras vezes manifestada pela Medalha Milagrosa, embora reconhecendo nossa indignidade por causa de nossas inúmeras culpas, acercamo-nos de vossos pés para vos expor, durante esta oração, nossas mais prementes necessidades *(momento de silêncio e de pedir a graça desejada).* Concedei, pois, ó Virgem da Medalha Milagrosa, este favor que confiantes vos solicitamos, para maior Glória de Deus, engrandecimento de vosso nome e o bem de nossas almas. E para melhor servirmos a vosso Divino Filho, inspirai-nos profundo ódio ao pecado e dai-nos coragem de nos afirmar sempre como verdadeiros cristãos. Amém.

A N. SRA. DAS GRAÇAS – III
Eu vos saúdo, ó Maria, cheia de graça! De vossas mãos voltadas para o mundo, as graças chovem sobre nós. Nossa Senhora das Graças, vós sabeis quais as graças que são mais necessárias para nós; mas eu vos peço, de maneira especial, que me concedais esta que vos suplico com todo o fervor de minha alma *(pedir a graça).* Jesus é todo-poderoso e vós sois Sua mãe; por isto, Nossa Senhora das Graças, confio e espero alcançar o que vos peço. Amém.

A N. SRA. DE FÁTIMA – I
Santíssima Virgem, que nos montes de Fátima vos dignastes revelar aos três pastorinhos os tesouros a alcançar, rezando o santo rosário, ajudai-nos a precisar sempre mais desta santa oração, a fim de que, meditando os mistérios de nossa redenção, alcancemos as graças que insistentemente vos pedimos *(pedir a graça).* Nossa Senhora do Rosário de Fátima, rogai por nós! Amém.

Rezar o Pai-nosso, a Ave-Maria, o Glória ao Pai e a jaculatória:

Ó meu bom Jesus, perdoai-nos, livrai-nos do fogo do inferno, levai as almas todas para o céu e socorrei principalmente as que mais precisarem.

A N. SRA. DE FÁTIMA – II
Ato de consagração

Ó Virgem de Fátima, Mãe de Misericórdia, Rainha do céu e da terra, refúgio dos pecadores, nós vos consagramos a vosso Coração Imaculado. Consagramos nossos corações, nossas almas, nossas famílias e tudo o que nos pertence. E para que esta consagração seja verdadeiramente eficaz e duradoura, renovamos hoje as promessas de nosso batismo e de nossa crisma, comprometendo-nos, ainda uma vez, a viver como bons cristãos, fiéis a Deus, à Igreja e a seu Chefe, o Papa. Queremos rezar o terço, participar da eucaristia, dar a devida importância à prática dos primeiros sábados do mês e trabalhar para a conversão dos pecadores. Prometemos, ainda, ó Virgem Santíssima, ser zelosos por vosso culto bendito, a fim de apressar com nossa consagração a vosso Imaculado Coração e mediante vossa intercessão, o advento do Reino de Jesus no mundo. Amém.

Oração ensinada pelo anjo aos três pastorzinhos de Fátima: Lúcia, Francisco e Jacinta

Santíssima Trindade, Pai, Filho e Espírito Santo, eu vos adoro profundamente e vos ofereço o preciosíssimo Corpo, Sangue, Alma e Di-

Senhor Jesus Cristo, presente em todos os sacrários da terra, em reparação dos ultrajes, sacrilégios e indiferenças com que Ele mesmo é ofendido; e pelos merecimentos infinitos de seu Santíssimo coração e pela intercessão do Imaculado Coração de Maria, peço-vos a conversão dos pobres pecadores. Meu Deus! Eu creio, adoro, espero e amo-vos; peço-vos perdão por aqueles que não creem, não adoram, não esperam e não vos amam. Amém.

A N. SRA. DE GUADALUPE
Pe. Zezinho
Mãe do Céu Morena, Senhora da América Latina, de olhar e caridade tão divinos, de cor igual à cor de tantas raças. Virgem tão serena, Senhora destes povos tão sofridos, Patrona dos pequenos e oprimidos, derrama sobre nós tuas graças. Derrama sobre os jovens tua luz. Aos pobres vem mostrar teu Jesus. Ao mundo inteiro traz teu amor de Mãe. Ensina quem tem tudo a partilhar, ensina quem tem pouco a não cansar e faz nosso povo caminhar em paz. Derrama a esperança sobre nós, ensina o povo a não calar a voz, desperta o coração de quem não acordou. Ensina que a justiça é condição de construir um mundo mais irmão. E faz nosso povo conhecer Jesus. Amém.

A N. SRA. DE LORETO
Consagração
Ó Maria, Virgem Imaculada, nós recorremos confiantes a vós. Ouvi hoje nossa humilde prece e aceitai nosso ato de consagração.

Ó Maria Santíssima, vós carregastes o Divino Redentor em vosso seio puríssimo, recebei nossa homenagem de fé e de amor filial, enquanto nos dirigimos em espírito a vossa Santa Casa. Pela presença da Sagrada Família, ela é a Casa Santa por excelência, pela qual desejamos se guiem todas as famílias cristãs.

Cada filho aprenda de Jesus o exemplo de obediência e de trabalho. Todas as mulheres sigam, ó Maria, vosso exemplo de sacrifício. E São José, que viveu para Jesus e para vós, seja para cada homem um modelo de crença em Deus e de vida fiel e honesta na família e na sociedade.

Ó Maria, nós vos pedimos pelo Papa e pela Igreja Universal, por nossa Pátria e por todas as nações do mundo inteiro, pelas instituições eclesiásticas e civis, pelos que sofrem e pela conversão dos pecadores.

Presentes na Casa Santa, onde concebestes, por obra do Espírito Santo, com viva fé, repetimos, ó Mãe, palavras do Anjo Gabriel: "Ave, cheia de graça, o Senhor é convosco". E vos invocamos ainda: "Ave, Maria, Mãe de Jesus e Mãe de Igreja!"

Suba até vós nossa súplica, ó Maria. Acolhei nossa consagração. Completamente vossos, confirmamos com este ato nosso incondicionado amor a Jesus, vosso Filho, e nossa confiança em vós, nossa Divina Mãe.

E vós, a Rainha e Mãe de misericórdia, derramai sobre vossos filhos a abundância das graças celestes. Amém.

A N. SRA. DE LOURDES – I

Bendita sejais, Virgem puríssima, que por dezoito vezes vos dignastes aparecer na gruta de Lourdes, toda imersa nas irradiações de vosso próprio esplendor, de vossa doçura, de vossa magnificência e ali vos revelastes à humilde e ingênua criança, para que, no êxtase de sua contemplação, vos ouvisse dizer: "Eu sou a Imaculada Conceição". Bendita sejais, Senhora, em vossa Imaculada Conceição. Bendita sejais, pelos extraordinários benefícios que não cessais de espargir naquele lugar. E nós, ó Maria, por vosso amor de Mãe e pela glória que vos tributa a santa Igreja, nós vos conjuramos que realizeis as esperanças de conversão, de santificação, de perseverança, numa palavra, as esperanças de salvação que nasceram em nós com a proclamação do dogma da Imaculada Conceição. Fostes, Virgem Maria, imaculada em vossa Conceição. Rogai por nós ao Pai, cujo Filho Jesus, concebido do Espírito Santo, destes à luz. Amém.

A N. SRA. DE LOURDES – II
João Paulo II
Ave, Maria, mulher pobre e humilde,
abençoada pelo Altíssimo!
Virgem da esperança, profecia de tempos novos,
unimo-nos a teu hino de louvor
para celebrar as misericórdias do Senhor,
para anunciar a vinda do Reino,
libertação total do homem.
Ave, Maria, humilde servidora do Senhor,
gloriosa Mãe de Cristo!

Virgem fiel, morada santa do Verbo,
ensina-nos a perseverar na escuta da Palavra,
a ser dóceis à voz do Espírito,
atentos a seus chamados na intimidade de nossa consciência
e a suas manifestações nos acontecimentos da história.

Ave, Maria, virgem dolorosa,
Mãe dos vivos!
Virgem esposa ante a Cruz, nova Eva,
sê nosso guia pelos caminhos do mundo,
ensina-nos a viver e a transmitir o amor de Cristo,
ensina-nos a permanecer contigo
junto às inumeráveis cruzes
nas quais teu Filho ainda está crucificado.

Ave, Maria, mulher de fé,
primeira entre os discípulos, ajuda-nos a testemunhar sempre
a esperança que nos habita,
tendo confiança na bondade do homem
e no amor do Pai.
Ensina-nos a construir o mundo desde o interior, no profundo do silêncio e da oração,
na alegria do amor fraterno,
na fecundidade insubstituível da Cruz.

Santa Maria, Mãe dos fiéis,
Nossa Senhora de Lourdes,
rogai por nós!
Amém.

A N. SRA. DE NAZARÉ

Ó gloriosa Virgem de Nazaré, cujos louvores os anjos cantam no céu, também eu me junto de alma e coração a este hosana e vos dirijo minhas saudações. E já que nada recusais a vossos servos, alcançai-me todas as graças que são necessárias, mas principalmente a graça inestimável de amar a Jesus, como vós o amastes, e morrer como vós, da morte dos justos. Amém.

A N. SRA. DESATADORA DOS NÓS

Santa Maria, Mãe de Deus, Virgem cheia de graça, vós sois nossa desatadora de nós. Com vossas mãos cheias do amor de Deus, vós desatais os obstáculos de nosso caminho, como nós que se desfazem e se tornam uma fita reta do amor de Deus! Desatai, Virgem e Mãe, Santa e admirável, todos os nós que criamos por vontade própria e todos os nós que impedem nosso caminho. Lançai vossos olhos de luz sobre eles, para que todos os nós se desatem e para que, cheios de gratidão, possamos, por vossas mãos, solucionar aquilo que nos parece impossível. Amém.

A N. SRA. DISPENSADORA DE TODAS AS GRAÇAS

Virgem Imaculada e bendita, vós sois a dispensadora universal de todas as graças, e como tal sois a esperança de todos e a minha esperança também. Dou sempre graças a meu Senhor que me fez conhecer-vos e compreender o meio de obter as graças e salvar-me. O meio sois vós, ó grande Mãe de Deus, porquanto sei que, principalmente pelos merecimentos de Jesus e por vossa intercessão, me hei de salvar. Ah! Minha Rainha! Vós noutro tempo vos destes tanta pressa em visitar e santificar em vossa visita a casa de Isabel. Visitai, por quem sois, e visitai depressa a pobre casa de minha alma. Apressai-vos; vós sabeis, melhor do que eu, quanto ela é pobre e enferma de muitos males, de afetos desordenados, de hábitos maus e dos pecados cometidos: males pestíferos que a querem levar à morte eterna. Vós podeis curá-la de todas as enfermidades". Rogai, pois, ó Maria, e recomendai-me a vosso Filho. Vós, melhor do que eu, conheceis minhas misérias e necessidades. Mãe e Rainha minha dulcíssima, pedi por mim e impetrai-me de vosso Filho as graças que sabeis mais convenientes e necessárias para minha alma. Em vossas mãos todo me entrego. Vossas súplicas não conhecem repulsa: são súplicas de Mãe junto de um filho que tanto vos ama e se compraz em fazer quanto lhe pedis, para assim vos honrar mais e mostrar-vos ao mesmo tempo o grande amor que vos tem. Senhora, façamos este contrato: quero viver fiado em vós inteiramente; a vós compete cuidar de minha salvação. Amém.

A N. SRA. DO BOM CONSELHO

Gloriosíssima Virgem Maria que, escolhida desde toda a eternidade para ser Mãe do Eterno Verbo Humanado, tesoureira das graças divinas e advogada dos pecadores, eu, indigníssimo servo, suplico-vos ardentemente me sejais guia e conselheira neste vale de lágrimas. Alcançai-me pelo preciosíssimo sangue de vosso divino Filho, Nosso Senhor Jesus Cristo, o perdão de meus pecados, a salvação de minha alma e os meios necessários para consegui-la. Peço-vos também pela Santa Igreja, a fim de que ela triunfe sobre seus inimigos. E que o reino de Jesus Cristo se propague por toda a terra. Amém.

A N. SRA. DO BOM PARTO – I

Maria Santíssima, Mãe de Nosso Senhor Jesus Cristo, que no ventre da Senhora Sant'Ana fostes concebida sem a mácula do pecado original, Virgem antes de concebendes Jesus, por obra e graça do Espírito Santo, Virgem durante vossa gravidez, Virgem depois de haverdes dado à luz do dia aquele que é a luz do mundo, humildemente vos peço, por vossa intercessão junto a vosso Filho, perdão para meus pecados. Rogo-vos, Senhora, pelas Sete Espadas que transpassaram vosso coração quando vistes vosso Filho agonizante na cruz, vossa proteção e vossa assistência, nas horas de meu parto aliviando-me as dores, concedendo-me um feliz sucesso. Maria, concebida sem pecado, rogai por nós que recorremos a vós.

Rezar três Ave-Marias e uma Salve-Rainha.

A N. SRA. DO BOM PARTO – II

Ó Maria Santíssima, vós, por um privilégio especial de Deus, fostes isenta da mancha do pecado original, e devido a esse privilégio não sofrestes os incômodos da maternidade, nem no tempo da gravidez e nem no parto; mas compreendeis perfeitamente as angústias e aflições das pobres mães que esperam um filho, especialmente nas incertezas do sucesso ou insucesso do parto. Olhai para mim, vossa serva, que, na aproximação do parto, sofro angústias e incertezas. Dai-me a graça de ter um parto feliz. Fazei que meu bebê nasça com saúde, forte e perfeito. Eu vos prometo orientar meu filho sempre pelo caminho certo, o caminho que vosso Filho Jesus traçou para todos os homens, o caminho do bem. Virgem, Mãe do Menino Jesus, agora me sinto mais calma e mais tranquila porque já pressinto vossa maternal proteção. Nossa Senhora do Bom Parto, rogai por mim!

A N. SRA. DO BRASIL

Pe. Antônio Maria Borges

Senhora, Mãe, padroeira, Senhora mãe do Senhor,

és mãe, irmã, companheira, santa mãe de nossa cor.

Na verdade és tu, Maria, deste solo a mãe gentil,

a Nossa Senhora causa de nossa alegria, és Senhora do Brasil.

Nossa Senhora do Brasil, roga por nós, ó Mãe gentil!

tua cor é nossa cor, nosso amor é teu amor!

Senhora da esperança, primeira de nossa raça,
nosso amor verde e amarelo, te acolhe e te abraça.
Olha, mãe, nossa terra, alivia nossas dores,
que os bosques tenham mais vida, nossa vida mais amores.

Liberta quem é escravo, quem faz escravos converte,
quem nada tem abençoa, quem tudo tem adverte.
Dá a terra a quem não tem, e a quem tem ensina a amar,
faz morrer a violência, e a justiça faz brilhar.

Sejam verdade a ordem e o progresso da bandeira,
tenha lar e tenha escola, a criança brasileira.
Seja justo quem governa, responsável seja o povo.
seja cada brasileiro, em teus braços homem novo.

A N. SRA. DO CAFÉ
Nossa Senhora do Café, fortalecei a fé do cafeicultor empobrecido, acolhei em vossa glória os escravos tão sofridos, aceitai toda a florada de perfume amanhecido, recebei todos os frutos do trabalho repetido, abençoai nosso café vendido, torrado e moído. E assim seja, em diante,

desde agora: Nossa Senhora do Café do Brasil! Do Brasil do café de Nossa Senhora. Amém.

A N. SRA. DO CARAVAGGIO

Lembrai-vos, ó puríssima Virgem Maria, que jamais se tem ouvido que deixastes de socorrer e de consolar a quem vos invocou, implorando vossa proteção e assistência. Assim, pois, animado com igual confiança, como à Mãe amantíssima, ó Virgem das virgens, a vós recorro; de vós me valho; gemendo sob o peso de meus pecados, humildemente me prostro a vossos pés. Não rejeiteis minhas súplicas, ó Virgem do Caravaggio, mas dignai-vos de as ouvir propícia e de me alcançar a graça que vos peço. Amém.

A N. SRA. DO CARMO – I

Deus de amor, Pai de infinita misericórdia! Nós vos glorificamos por terdes revelado ao Profeta Elias, através de uma nuvem, a Imaculada Virgem Maria, Mãe de vosso Filho e da Igreja. Nós vos louvamos por Ela ter sido venerada pelos filhos dos profetas do Monte Carmelo e por ser bem-aventurada por todas as gerações. Nós vos adoramos, ó Pai, porque enviastes vosso Filho ao mundo para nos salvar e fundastes a Igreja como sacramento de salvação para todos os povos e nações. Em vossos desígnios estabelecestes Maria Santíssima como presença e modelo insubstituível de vida eucarística junto à Igreja Primitiva e hoje para nós, que nos alimentamos deste mesmo Pão. Concedei-nos a graça de, com Maria, alcançarmos, na caminhada rumo à casa do Pai, o prêmio da Vida Eterna. Amém.

A N. SRA. DO CARMO – II

Ó Maria, Senhora do Carmo, em vossas mãos depositamos nossos pensamentos, atitudes e ações. Confiamos a vossa proteção tudo o que somos, o que realizamos e possuímos, corpo e mente, saúde ou doença, alegria ou dores, vida e morte, destino eterno. Ajudai-nos, Mãe do Carmo, a crescer na fé luminosa, na esperança cheia de coragem e no amor feito serviço. Que sejamos corajosos construtores do reino de Deus neste mundo. Ensinai-nos a acolher, com amor, cada irmão com um sorriso, um gesto, um abraço. Que as pessoas com quem convivemos no dia a dia vejam nossas boas obras e despertem para a alegria de viver e servir. Mãe do Carmo, nossa mãe e padroeira, protegei nossas famílias, amparai os fracos na fé, dai a vossos filhos a luz da esperança. Que todos vivamos sempre em comunhão com Jesus e com todos os nossos irmãos, principalmente com os mais desamparados. Amém.

A N. SRA. DO CARMO – III

Ó Santíssima e Imaculada Virgem Maria, ornamento e glória da Ordem do Carmo, vós que velais tão particularmente sobre os que vestem vosso sagrado Escapulário, velai também sobre nós e cobri-nos com o manto de vossa maternal proteção. Ó Virgem Mãe Missionária, que soubestes auxiliar e ajudar vossa prima Isabel, ajudai-nos em nossa missão de pais, mães, professores e profissionais da justiça e da vida. Ó Senhora do silêncio, que em Caná pedistes: "Fazei tudo o que Ele vos disser", dai-nos força, Espírito Missionário e a coragem para seguir a vontade de vosso Filho. Ó Mãe dos Carmelitas e nossa Mãe, olhai para meus familiares, parentes e amigos, especialmente aqueles que mais precisam de vossa bênção e proteção *(em silêncio, procure lembrar todos os nomes)*. Rainha e Mãe do Menino Deus que está em vossos braços. Obrigado por ter ouvido este meu pedido. Amém.

A N. SRA. DO CARMO – IV
Clodoaldo Montoro

Bendita sejais, ó Virgem Santa, Nossa Senhora do Carmo! O profeta Elias escolheu o monte Carmelo para seus encontros com Deus – momentos intensos de oração, de meditação e de decisão. Antiga tradição, porém, já entendia que naquele monte encontrava-se também vosso patrocínio, ó Virgem venerável e bendita. Aquela montanha sagrada ficou sendo um lugar santo e privilegiado. Elevado perto do mar Mediterrâneo, sua beleza é comparada à esposa dos Cânticos, que também é figura vossa, ó doce rainha. Comunidades de monges e eremitas fizeram sua habitação no Carmelo, a fim de venerar a memória de Elias. Mas todos os que para ali se dirigem buscam, com certeza, vossos préstimos de advogada nossa junto de Deus. Nossa Senhora do Monte Carmelo, sois intercessora universal e em vós buscamos proteção e amparo. Ajudai-nos a chegar ao topo do verdadeiro monte que é Cristo, vosso Filho e Senhor nosso. Amém.

A N. SRA. DO CENÁCULO

Ó Virgem Santíssima do Cenáculo, nossa Mãe, Maria imaculada, nós vos suplicamos humildemente: alcançai-nos os dons do Espírito Santo para que, vivendo na caridade, perseverando unanimemente na oração e vos tendo por guia e mestra, mereçamos, para a maior glória de Deus, trabalhar para a salvação das almas através de nossos exemplos e obras e, assim fazendo, chegar à vida eterna. Nossa Senhora do Cenáculo, sede-nos propícia na necessidade que nos oprime e vinde em nosso socorro, a fim de que o Senhor onipotente e misericordioso se digne conceder-nos, por vossa intercessão, a graça que instantemente solicitamos. Nossa Senhora do Cenáculo, rogai por nós. Amém.

A N. SRA. DO DESTERRO – I

Ó incomparável Senhora do Desterro! Mãe de Deus, Rainha dos anjos, advogada dos pecadores, refúgio e consolação dos aflitos e atribulados. Virgem Santíssima, cheia de poderes e de bondade, lançai sobre nós um olhar favorável, para que sejamos socorridos por vós em todas as necessidades em que nos achamos. Lembrai-vos, ó clementíssima Mãe, Nossa Senhora do Desterro, que nunca se ouviu dizer que algum daqueles que têm recorrido, invocado vosso santíssimo nome e implorado vossa singular proteção, fosse por vós abandonado. Animados com esta confiança, a vós recorremos tomando-vos de hoje para sempre por nossa Mãe, nossa protetora, consolação e guia, esperança e luz na hora da morte. Amém.

Rezar três Ave-Marias.

Nossa Senhora do Desterro, rogai por nós que recorremos a vós!

A N. SRA. DO DESTERRO – II

Ó Bem-Aventurada Virgem Maria, mãe de Nosso Senhor Jesus Cristo, Rainha do Céu e da Terra, advogada dos pecadores, auxiliadora dos cristãos, desterradora das indigências, das calamidades, dos inimigos corporais e espirituais, dos maus pensamentos, das cenas terríveis do dia do juízo, das pragas, das bruxarias, dos malfeitores, ladrões, arrombadores, assaltantes e assassinos. Minha amada Mãe, eu, prostrado agora a vossos pés, cheio de arrependimento de minhas pesadas culpas, por vosso intermédio, imploro perdão ao boníssimo Deus. Rogai a vosso Divino Jesus, por nossas famílias, para que Ele desterre de nossas vidas todos esses males, nos dê o perdão de nossos pecados e que nos enriqueça com sua divina graça e misericórdia. Cobri-nos com vosso manto maternal e desterrai de todos nós todos os males e maldições, e, em especial, atendei o pedido que vos faço agora: (*pedir a graça desejada*). Afugentai de nós a peste e os desassossegos. Possamos por vosso intermédio obter a cura de todas as doenças, encontrar as portas do Céu abertas e ser felizes por toda a eternidade. Amém.

Rezar sete Pai-nossos, sete Ave-Marias e um Credo ao Sagrado Coração de Jesus, e pelas sete Dores de Maria Santíssima.

A N. SRA. DO DIVINO PRANTO

Ó Maria, como exultava vosso espírito diante dos milagres realizados por vosso Filho! Concedei a graça... a esta pessoa, cujo bem tanto me interessa, e procurai deste modo novas delícias ao vosso espírito e novas glórias a Jesus. Saúdo-vos, ó Maria, e vos convido a assistir-me na hora de minha morte.

Jaculatória: Querido Menino Jesus, amar-te-ei muito para enxugar as lágrimas que te faz derramar a ingratidão dos homens, também nas pessoas a ti consagradas.

A N. SRA. DO LÍBANO

Consagração

Ó Maria, Mãe de Deus e nossa Mãe, nós consagramos a vós nossas crianças, nossos jovens, nossos irmãos e irmãs, nossos pais, nossas mães, nossos enfermos e órfãos, nossos chefes espirituais e temporais e todos os seres vivos e falecidos. Ó Maria, ó Senhora do Líbano, abençoai nossas famílias e derramai paz e alegria em nossos corações. Preservai a unidade dos libaneses, coração e espírito, onde quer que eles estejam, assim como preservastes a unidade dos apóstolos, após a ascensão aos céus do Senhor Jesus. Ó Maria, nós nos consagramos a vós, para todo o sempre. Amém.

A N. SRA. DO MONTSERRAT – I

Ó Virgem Maria, a quem chamamos de "Senhora do Montserrat", queremos, hoje, louvar-vos neste vosso Santuário. O Senhor, nosso Deus, fez maravilhas em vossa pessoa. Que Ele seja bendito por todo o sempre! Correspondendo ao chamamento de Deus, respondestes ao Anjo: "Eu sou a serva do Senhor, faça-se em mim segundo tua palavra!" E, assim, vos tornastes a Mãe de Deus, a Mãe de Jesus! Dai-nos, ó Nossa Senhora do Montserrat, realizar em nossa vida a Vontade de Deus: vencer o mal, o pecado e santificar-nos. Amém.

A N. SRA. DO MONTSERRAT – II

Ó clementíssima Virgem Maria, minha soberana e Mãe, augusta Senhora do Montserrat, venho lançar-me no seio de vossa misericórdia e ponho, desde agora e para sempre, minha alma e meu corpo debaixo de vossa salvaguarda e de vossa bendita proteção. Confio-vos e entrego em vossas mãos todas as minhas esperanças e consolações, todas as minhas penas e misérias, bem como o curso e o fim de minha vida, para que, por vossa intercessão e por vossos merecimentos, todas as minhas ações se dirijam e se disponham segundo a vontade de vosso divino Filho, nosso Senhor Jesus Cristo, e que minha alma depois desta vida possa alcançar a salvação eterna. Ó Mãe, concebida sem pecado, rogai por nós, que recorremos a vós. Nossa Senhora do Montserrat, rogai por nós. Amém.

A N. SRA. DO Ó
Dom Duarte Leopoldo e Silva
Nossa Senhora do Ó, Virgem da Expectação, Mãe de Nosso Senhor Jesus Cristo e, por misericordiosa bondade de Deus, nossa Mãe amabilíssima e protetora celestial, eis-nos prostrados a vossos pés. Pobres filhos de Eva, sentimos o peso de nossas culpas, mas somos também filhos vossos, aos pés de tão boa e poderosa Mãe ousamos erguer confiadamente nossos olhos suplicantes, enquanto nossos lábios e nossos corações se abrem para cantar vossos louvores, proclamando bem alto os excelsos favores com que fostes mimoseada pela mão, sempre dadivosa, do Onipotente. Particularmente, Senhora, nós vos louvamos por terdes sido escolhida entre mil para Mãe do Filho de Deus humanado; sobretudo *(nesta novena)* alegramo-nos convosco em vossa admirável Expectação e nos unimos aos sentimentos de gozo inefável, aos momentos de santa e recolhida oração com que vos preparastes para o Natal do Senhor, quando destes à luz do mundo o verdadeiro Sol de

justiça, Cristo, nosso Deus e Salvador. Por tão singular privilégio, nós vos suplicamos humildemente vos digneis preparar nosso pobre coração para receber a Jesus Cristo, vosso Filho e nosso Redentor (no próximo Natal); por vós apresse ele sua vinda amorosa em nossas almas pela graça e reine perpetuamente em nossos corações, para que nós, que nos alegramos convosco nesta Festividade, gozemos no céu o fruto dessa mesma Redenção que nos trouxestes dando ao mundo seu misericordiosíssimo Salvador. Assim seja.

A N. SRA. DO PERPÉTUO SOCORRO – I
Papa João Paulo II

Grandioso sinal de nossa esperança, nós te invocamos. Ó Virgem do Perpétuo Socorro, Santa Mãe do Redentor, socorre teu povo que quer ressurgir. Concede a todos a alegria de caminhar para o futuro, numa consciente e ativa solidariedade com os mais pobres, anunciando de modo novo e corajoso o Evangelho de teu Filho, fundamento e cume de toda a convivência humana, que aspira a uma paz justa e duradoura. Também nós queremos apertar tua mão como o Menino Jesus que admiramos neste quadro venerando. Não te falta nem poder nem bondade para nos socorrer em qualquer necessidade e situação. A hora atual é tua hora! Vem, pois, em nosso auxílio, e sê para nós o refúgio e a esperança. Assim seja.

A N. SRA. DO PERPÉTUO SOCORRO – II
Pe. José Pereira, C.Ss.R.

Ó Mãe do Perpétuo Socorro, nós vos suplicamos, com toda a força de nosso coração, amparar a cada um de nós em vosso colo materno, nos momentos de insegurança e sofrimento; que vosso olhar esteja sempre atento para não nos deixar cair em tentação. Que em vosso silêncio aprendamos a aquietar nosso coração e fazer a vontade do Pai. Intercedei junto ao Pai pela paz no mundo e em nossas famílias. Abençoai todos os vossos filhos e filhas enfermos. Iluminai nossos governantes e representantes, para que sejam sempre servidores do grande povo de Deus. Concedei-nos ainda muitas e santas vocações religiosas, sacerdotais e missionárias para a maior difusão do reino de vosso Filho Jesus Cristo. Enfim, derramai nos corações de vossos filhos e filhas a vossa bênção de amor e misericórdia. Sede sempre nosso Perpétuo Socorro na vida e principalmente na hora da morte. Amém.

A N. SRA. DO PERPÉTUO SOCORRO – III

Ó Santíssima Virgem Maria que, para inspirar-nos uma confiança sem limites, quisestes tomar o terno e doce nome de Mãe do Perpétuo Socorro, eu vos suplico me socorrais em todo o tempo e em todo o lugar; nas tentações, depois das quedas, nas dificuldades, em todas as misérias de minha vida e, sobretudo, no transe de minha morte. Dai-me, ó amorosa Mãe, o pensamento e o costume de recorrer sempre a vós, porque estou certo de que, se for fiel em invocar-vos, vós sereis fiel em socorrer-me. Obtende-me, pois, esta graça das graças, a graça de vos suplicar sem cessar, com a confiança dum filho, a fim de que, pela virtude desta súplica constante, obtenha vosso perpétuo socorro e sua perseverança final. Abençoai-me, ó terna e carinhosa Mãe, e rogai por mim agora e na hora de minha morte. Amém.

A N. SRA. DO PERPÉTUO SOCORRO – IV
José Dutra
Ó Maria Santíssima, em vosso grande amor para conosco e no imenso desejo de oferecer-nos vossa proteção e dispensar-nos vossas misericórdias, quisestes apresentar-vos a nós com o sugestivo nome de Senhora do Perpétuo Socorro. Sim, ó Mãe amorosíssima, sabeis que precisamos de vossa constante ajuda, porque perpétuas são nossas necessidades. Por isso, encorajado por vosso amor e cheio de filial confiança, coloco-me sob vossa especial proteção e vos consagro minha vida. Socorrei-me, ó Maria, em todas as minhas necessidades, espirituais e temporais, mas sobretudo na hora de minha morte. E alcançai-me de vosso Filho Jesus a salvação e a felicidade eterna. Amém.

Ó Maria, Mãe do Perpétuo Socorro, rogai por nós!

A N. SRA. DO PERPÉTUO SOCORRO – V
Maria, mãe de Deus e nossa, olhai compassiva para vossos filhos e filhas que trilham os

caminhos da história. Sentimos a falta do pão de cada dia, do emprego, da saúde, da justiça e de solidariedade maior. Intercedei junto a vosso Filho, Jesus, para que possamos experimentar sua Redenção abundante e fazer o caminho da vida como irmãos e irmãs, num novo céu e numa nova terra. Ajudai-nos, Mãe, e sede para nós perpétuo socorro de nossas necessidades junto a vosso Filho Jesus. Amém.

A N. SRA. DO PERPÉTUO SOCORRO – VI

Eis aqui, ó Mãe do Perpétuo Socorro, a vossos pés, um miserável pecador que a vós recorre e em vós confia. Ó Mãe de misericórdia, tende piedade de mim. Ouço que todos vos chamam o refúgio e a esperança dos pecadores. Logo, então, sede vós meu refúgio e minha esperança. Por amor de Jesus Cristo, socorrei-me; dai a mão a um mísero caído que a vós se entrega e recomenda. Eu bendigo e rendo graças a Deus por ter-se dignado conceder-me esta confiança em vós, a qual considero um penhor de minha salvação eterna. Ah! É mais que certo que no passado, quando tive a desgraça de cair, a vós não recorri. Contudo, ó minha benigníssima Mãe, não me recuseis vosso socorro, pois sei que com ele serei vencedor. Sim! Sei que vireis em meu socorro, se a vós me recomendar. Mas temo as ocasiões de pecar; receio deixar então de invocar vosso auxílio e, desse modo, perder-me. É essa a graça que peço e vos conjuro que me concedais. Fazei, portanto, ó Maria, que eu a vós recorra em todos os assaltos que me der o inferno e que eu possa dizer-vos continuamente: Maria, ajudai-me! Mãe do Perpétuo Socorro, não permitais que eu perca meu Deus! Amém.

A N. SRA. DO PILAR

Ó Maria imaculada, Mãe de Jesus e nossa, lançamo-nos a vossos braços, com certeza de encontrar porto seguro em todas as tempestades. Ó Mãe santíssima, vós sois o refúgio dos pecadores. Quanto mais culpados somos, tanto mais temos direito a vosso socorro. Nossa salvação está em vossas mãos maternais. Intercedei por nós junto de vosso Filho, Jesus.

Com toda a confiança, ó Maria, nós vos pedimos: mudai o coração dos maus. Enxugai as lágrimas dos aflitos e dos pobres; confortai os doentes. Fazei que terminem os ódios. Suavizai a dureza dos costumes. Guardai nos jovens a flor da pureza. Fazei que todos os homens sintam o encanto da bondade cristã. Protegei a Santa Igreja. Em vosso nome que enche os céus de harmonia, sintam-se irmãos todos os homens, e as nações, membros de uma só família, sobre a qual brilhe o sol duma paz universal e justa. Acolhei, ó querida mãe, nossa humilde súplica e fazei sobretudo, que possamos um dia repetir diante de vosso trono, gozando convosco da felicidade eterna, o hino que se levanta hoje da terra, junto de vossos altares: "Toda sois formosa, ó Maria! Vós sois a alegria, a glória, e a honra de nosso povo". Amém.

A N. SRA. DO ROCIO
Consagração

Nossa Senhora do Rocio, eu vos saúdo, Rainha do céu e da terra. Eu vos saúdo, refúgio dos pecadores, cuja misericórdia jamais faltou. Dai-me força de ser discípulo de Jesus, na santidade dos costumes, no cumprimento dos deveres. Transformai minha vida num santuário de virtudes, onde Jesus seja o centro. Recebei, ó Maria Nossa Senhora do Rocio, meus votos e desejos, e ofertai-os a Jesus. Em vossas mãos eu renovo as promessas de meu batismo. Em vossas mãos eu deposito meu compromisso de levar minha cruz, obrigando-me a imitar-vos. Ó Maria, Virgem Santa do Rocio, eu vos escolho por minha Mãe e Mestra. Eu vos consagro tudo o que tenho, tudo o que sou. Eu vos dou meu corpo, minha alma, meus bens, meu passado, meu presente, meu futuro, minhas alegrias, minhas dores, minha vida, minha morte, minha eternidade. Santa Mãe querida, Nossa Senhora do Rocio, abençoai-me e abençoai minha família. Amém.

A N. SRA. DO ROSÁRIO – I

Nossa Senhora do Rosário, dai a todos os cristãos a graça de compreender a grandiosidade da devoção ao santo rosário, na qual à recitação da Ave-Maria se junta profunda meditação dos santos mistérios da vida, morte e ressurreição de Jesus, vosso Filho e nosso Redentor. São Domingos, apóstolo do rosário, acompanhai-nos com vossa bênção na recitação do terço, para que, por meio dessa devoção a Maria, cheguemos mais depressa a Jesus e, como na batalha de Lepanto, Nossa Senhora do Rosário nos leve à vitória em todas as lutas da vida. Por vosso Filho, Jesus Cristo, na unidade do Pai e do Espírito Santo. Amém.

A N. SRA. DO ROSÁRIO – II

Nossa Senhora do Rosário, dai a todos os cristãos a graça de compreender a grandiosidade da devoção ao santo rosário, na qual à recitação da Ave-Maria se junta profunda meditação dos santos mistérios da vida, morte e ressurreição de Jesus, vosso Filho e nosso Redentor. São Domingos, apóstolo do rosário, acompanhai-nos com vossa bênção na recitação do terço, para que, por meio dessa devoção a Maria, cheguemos mais depressa a Jesus e, como na batalha de Lepanto, Nossa Senhora do Rosário nos leve à vitória em todas as lutas da vida. Por vosso Filho, Jesus Cristo, na unidade do Pai e do Espírito Santo. Amém.

A N. SRA. DO SAGRADO CORAÇÃO

Lembrai-vos, ó Nossa Senhora do Sagrado Coração, do poder inefável que vosso divino Filho vos concedeu sobre seu Coração adorável. Com a maior confiança em vossos merecimentos, nós vimos implorar vossa proteção. Ó Celeste tesoureira do Coração de Jesus, daquele coração que é o manancial inexaurível de todas as graças, e que podeis abrir vosso bel-prazer, para fazer descer sobre os homens todos os tesouros, de amor e misericórdia, de luz e salvação, que ele encerra. Concedei-nos, vo-lo pedimos, os favores que vos suplicamos. Não, não podemos receber de vós recusa alguma, e já que sois nossa mãe, ó Nossa Senhora do Sagrado Coração, acolhei benignamente nossas preces e dignai-vos deferi-las. Assim seja.

A N. SRA. DO SAGRADO CORAÇÃO DE JESUS
Missionários do Sagrado Coração

Lembrai-vos, ó Nossa Senhora do Sagrado Coração, que sois a Mãe de Jesus, a "bendita entre todas as mulheres". Temos confiança em vós porque estais unida a Cristo, vosso Filho e Nosso Senhor. Sabemos de nossa fraqueza e de nossa miséria e por isto vimos implorar vossa proteção. Ajudai-nos, ó Mãe querida. Dai-nos força e coragem. Conservai-nos na esperança até o dia de nosso encontro definitivo com Deus, nosso Pai. Ó Mãe carinhosa, libertai-nos do egoísmo. Alcançai para o mundo a paz e o amor. Concedei-nos em especial os favores que vos suplicamos *(fazer o pedido)*. Apresentai estes vossos pedidos e ações de graças a vosso Filho, e fazei, ó Maria, que venha a nós seu Reino. Vós que sois a Senhora do Sagrado Coração. Amém.

A N. SRA. DO SANTÍSSIMO SACRAMENTO

Ó Virgem Imaculada, Mãe do Salvador, cuja carne e sangue tomados em vosso castíssimo seio nos alimentam na divina Eucaristia, nós vos saudamos sob o título de Nossa Senhora do Santíssimo Sacramento, porque fostes a primeira a praticar os deveres da vida eucarística, ensinando-nos, com vosso exemplo, a assistir ao santo sacrifício da missa, a comungar menos indignamente e a visitar frequentemente e com devoção o augustíssimo sacramento do altar. Ó Maria, fazei que, seguindo vossos passos, possamos cumprir sempre mais perfeitamente nossos sagrados deveres e mereçamos assim a eterna recompensa. Assim seja.

A N. SRA. DOS IMPOSSÍVEIS

Ó Virgem Mãe de Deus e nossa Mãe, nós vos veneramos com o sugestivo título de Nossa Senhora dos Impossíveis, porque sois Mãe de Deus, sois Virgem e Mãe, sois a Imaculada Conceição. Esses privilégios não foram concedidos a nenhuma outra criatura. Somente a vós. Virgem bendita e bondosa. Mãe de Deus e nossa. Humildemente vos pedimos: socorrei os que passam fome e vivem na miséria. Curai os doentes de corpo e de espírito. Fortalecei os fracos. Consolai os aflitos. E pedi pelas vocações sacerdotais e religiosas. Transformai as famílias em santuários vivos de fé e caridade, no seio da Igreja. Pedi pelo papa, pelos bispos e por todas as autoridades civis, militares e eclesiásticas, para que governem com justiça e amor. E agora, Senhora dos Impossíveis, olhai para nós, que fazemos esta novena, e alcançai-nos de Jesus, vosso divino Filho, as graças que agora suplicamos...

Pai-nosso, Ave-Maria, Glória ao Pai.

Maria, Mãe de Deus, rogai por nós.

Maria, Virgem e Mãe, rogai por nós.

Maria, concebida sem pecado, rogai por nós.

Maria, Nossa Senhora dos Impossíveis, rogai por nós.

A N. SRA. DOS NAVEGANTES

Ave, Estrela do mar, Virgem poderosíssima, Mãe e advogada de todos os que navegam no mar proceloso da vida! A vossa valiosa proteção confiou-nos vosso Divino Filho, para serdes nossa guia, proteção, consolo e alento durante nossa vida terrestre. Refugiando-nos, cheios de confiança, debaixo de vosso manto maternal, sede-nos farol, sede-nos sempre a brilhante Estrela do mar que nos oriente, a fim de que nunca pereçamos, nem nos desnorteemos da rota segura que nos levará ao porto da eterna bem-aventurança, onde em companhia vossa, de vosso Divino Filho e de todos os santos gozemos a serenidade da vida em Deus para sempre. Amém.

A N. SRA. DOS REMÉDIOS – I

Ó Maria! Mãe da divina graça, vós que Deus estabeleceu como dispensadora de seus benefícios, obtendo-nos e a todos aqueles por quem invocamos, vossas graças especiais e vossos remédios salutares para todos os nossos males: aos justos, perseverança; às almas tristes, consolação; aos corações desanimados, coragem e confiança; aos enfermos, cura e saúde; aos pecadores, arrependimento e perdão; às almas do purgatório, alívio e livramento; enfim, a cada um de nós, as graças particulares mais especialmente o socorro de vossa bondade e de vosso poder. Solicitamos, sobretudo, ó boa e divina mãe, vossa assistência na hora de nossa morte, a fim de que, neste derradeiro momento, possamos ser achados dignos de participar da glória de Jesus, vosso Divino o Filho que, sendo Deus, vive e reina com o Pai, Filho e o Espírito Santo, por todos os séculos dos séculos. Amém.

A N. SRA. DOS REMÉDIOS – II

Ó Virgem Santa, Filha predileta do Pai, Mãe de Jesus Cristo e Templo vivo do Espírito Santo, nós vos invocamos como nossa Mãe e Saúde dos doentes. Ó Senhora dos Remédios, assisti-nos em nossas enfermidades corporais e espirituais. Abençoai nossas famílias. Dai-nos a força para que sejamos bons cristãos, seguindo o exemplo de Jesus. Queremos viver sempre como vossos filhos. Nossa Senhora dos Remédios, rogai por nós!

A N. SRA. MÃE DO TERCEIRO MUNDO
Dom Pedro Casaldáliga

Irmã peregrina dos pobres de Javé,
profetisa dos pobres libertados,
mãe do Terceiro Mundo,
mãe de todos os homens deste mundo único,
porque era a Mãe de Deus feito homem.
Com todos os que creem em Cristo
e com todos aqueles que de algum modo
procuram seu Reino,
nós te invocamos, Mãe,
para que lhe fales de todos nós.

Pede a ele, que se tornou pobre,
que nos comunique as riquezas de seu amor,
que sua Igreja se despoje,
sem subterfúgios,
de toda outra riqueza.

A ele, que morreu na cruz
para salvar os homens,
pede-lhe que nós, seus discípulos,
saibamos viver e morrer
pela total libertação de nossos irmãos.
Pede-lhe que nos devorem a fome
e a sede daquela justiça
que despoja e redime.

A ele, que derrubou o muro da separação,
pede-lhe que todos nós,
que trazemos o selo de seu nome,

procuremos de fato,
acima de tudo o que divide,
aquela unidade reclamada
por ele mesmo em testamento
e que só é possível na liberdade
dos filhos de Deus.

Pede-lhe, a ele que vive ressuscitado
junto ao Pai,
que nos comunique a força jubilosa
de seu espírito,
para que saibamos vencer o egoísmo,
a rotina e o medo.

Mulher camponesa e operária,
nascida numa colônia
e martirizada pelo legalismo e hipocrisia:
ensina-nos a ler sinceramente o
Evangelho de Jesus
e a traduzi-lo para a vida
com todas as revolucionárias consequências,
no espírito radical das bem-aventuranças
e no isco total daquele amor
que sabe dar a vida pelos que ama.
Por Jesus Cristo,
teu Filho e Filho de Deus, nosso Irmão.

A N. SRA. MEDIANEIRA

Santíssima Virgem Maria, Mãe de Deus, nós vos veneramos como Medianeira, no mistério da anunciação, porque foi por vosso meio que Deus veio ao mundo. Ó Senhora e Mãe nossa, concedei-nos a graça *(fazer o pedido)* e mostrai que vos aprazeis de ser venerada sob o título de Medianeira de todas as graças. Amém.

Rogai por nós, Medianeira nossa poderosíssima.

Para que sejamos dignos das promessas de Cristo.

Oremos: Senhor, Jesus Cristo, Medianeiro nosso junto ao Pai, que vos dignastes constituir vossa Mãe, a santíssima Virgem Maria, também nossa Mãe e Medianeira junto a vós, concedei benigno que todo aquele que suplicante a vós se dirigir, alegre-se de ter alcançado, por meio dela, tudo o que pediu. Vós que viveis e reinais por todos os séculos. Amém.

A N. SRA. RAINHA DOS ANJOS
Papa Leão XIII

Augusta rainha dos céus e Senhora dos anjos, que recebestes de Deus o poder e a missão de esmagar a cabeça de satanás, nós vos pedimos humildemente: enviai as legiões celestes para que, sob vossas ordens, persigam os demônios, combatam-nos em toda a parte, reprimam sua audácia e os precipitem no abismo. Quem é como Deus? Santos anjos e arcanjos, protegei-nos, defendei-nos! Ó boa e terna Mãe, vós sereis sempre nosso amor e nossa esperança! Ó divina Mãe, enviai vossos anjos, para que nos defendam e afastem de nós o cruel inimigo! Assim seja.

A N. SRA. ROSA MÍSTICA – I

Rosa Mística, tesoureira das graças divinas e Mãe cheia de piedade para com todos os vossos filhos, ouvi benigna a humilde oração que vos dirigimos. Consolai, ó Rosa Mística, quem recorre a vós e coloca em vós sua confiança, obtendo-nos da Santíssima Trindade as graças que vos pedimos. Com estas graças, recebamos também uma fé viva, uma esperança firme e uma caridade ardente. Fazei resplandecer, ó Rosa Mística, vosso poder ouvindo-nos por aquela glória que gozais no Paraíso como Filha do divino Pai, Mãe do divino Filho, Esposa do Espírito Santo. Assim seja, ó doce, ó piedosa, ó amável Maria. Amém.

A N. SRA. ROSA MÍSTICA – II

Rosa Mística, Virgem Imaculada, Mãe da Graça, para honra de vosso Divino Filho, nós nos prostramos diante de vós implorando a misericórdia de Deus. Não por méritos, mas pelo amor de vosso Coração Maternal, nós vos suplicamos que nos concedais proteção e graça com a certeza de que nos haveis de atender. Ave, Maria...

Rosa Mística, Mãe de Jesus, Rainha do Santo Rosário e Mãe da Igreja, Corpo Místico de Cristo, nós vos pedimos que concedais ao mundo dilacerado pela discórdia a unidade, a paz e todas aquelas graças que podem mudar o coração de tantos de vossos filhos. Ave, Maria...

Rosa Mística, Rainha dos Apóstolos, fazei florescer à volta da mesa da Eucaristia muitas vocações sacerdotais e religiosas que difundam, com a santidade de sua vida e com zelo apostólico pelas almas, o Reino de vosso Filho Jesus, por todo o mundo. E derramai sobre nós também a abundância de vossas graças celestiais. Ave, Maria...

Salve, Rainha Rosa Mística, Mãe da Igreja, rogai por nós.

A N. SRA. MÃE DA MISERICÓRDIA

Ó Maria Imaculada, Mãe de misericórdia, nós te pedimos de obter-nos de Deus, com tua potente intercessão, o triunfo da Igreja, a paz no mundo, a conversão dos infiéis e dos pecadores; ajuda e conforto aos pobres e aos órfãos, aos doentes e aos agonizantes; perseverança aos justos, alívio às almas do Purgatório; espírito de sacrifício aos religiosos, ardente zelo aos sacerdotes. Ampara-nos, ó Mãe santíssima, sob teu manto de misericórdia, a fim de que todos possamos experimentar os efeitos benéficos de tua proteção e assim poder agradecer-te no céu por toda a eternidade. Amém.

Rogai por nós, Mãe de Misericórdia.

Para que sejamos dignos das promessas de Cristo. Amém.

A N. SRA. MÃE DE DEUS
João Paulo II
Mãe do Redentor, cheios de alegria nós

vos proclamamos bem-aventurada. Deus Pai vos escolheu antes da criação do mundo para realizar seu providencial desígnio de salvação. Vós acreditastes em seu amor e obedecestes a sua Palavra. O Filho de Deus vos quis por sua Mãe, quando se fez homem para salvar o homem. Vós o acolhestes com obediência pronta e coração indiviso. O Espírito Santo vos amou como sua mística esposa e vos cumulou de singulares dons. Vós vos deixastes docilmente ser plasmada por sua ação oculta e poderosa. No início do terceiro milênio cristão, a vós confiamos a Igreja, que vos reconhece e vos invoca como Mãe. Vós, que sobre a terra a precedestes na peregrinação da fé, confortai-a em suas dificuldades e sem suas provas, e fazei que, no mundo, ela seja sinal e instrumento da íntima união com Deus e da unidade de todo o gênero humano. Mãe dos homens e das nações, confiantes entregamos a vós a humanidade inteira com seus medos e suas esperanças. Não falte para ela a luz da verdadeira sabedoria. Guiai-a na busca da liberdade e da justiça para todos. Dirigi seus passos no caminho da paz. Fazei que todos encontrem Cristo, Caminho, Verdade e Vida. Sustentai, Virgem Maria, nosso caminho de fé e obtende-nos a graça da salvação eterna. Ó clemente, ó piedosa, ó doce Mãe de Deus e nossa mãe, Maria! Amém.

A N. SRA. MÃE DOS HOMENS

Ó Maria, Mãe de Cristo e Mãe dos Homens, nossa Padroeira! Protegei nossa comunidade paroquial, que vos é confiada! A vós consagramos nossas crianças e jovens, os adultos e as famílias, nossos anciãos e nossos enfermos! Protegei-nos de todo pecado, de toda adversidade e de todo mal. Ajudai-nos, ó Mãe e Rainha, a vivermos nosso "SIM" a Deus, como vós o vivestes. Que possamos viver diariamente, pela prática do Evangelho e do Amor, nosso seguimento a Jesus Cristo, vosso Divino Filho. Ó Maria, Mãe dos Homens: nos momentos de dúvidas, confortai-nos com a Fé! Nos momentos de incertezas, inspirai-nos à Esperança! Nos momentos de egoísmo, dai-nos a Caridade, que é a alma de todo o nosso apostolado e o distintivo de todos os discípulos de vosso Filho Jesus Cristo. Ajudai-nos assim a vivermos como uma comunidade de Fé, Culto e Amor. E reuni, um dia, na eterna Bem-Aventurança, no Reino de vosso Filho Jesus Cristo, junto ao Pai e no Espírito Santo, todos os homens, nossos irmãos, dos quais sois, agora e sempre, a Mãe Protetora! Nossa Senhora, Mãe de Cristo e Mãe dos Homens, protegei-nos e abençoai-nos, agora e sempre. Amém.

À SANTA MÃE DE DEUS

Santa Mãe de Deus: não desprezeis nossas súplicas em nossas necessidades, mas livrai-

-nos sempre de todos os perigos, ó Virgem gloriosa e bendita! Mãe de Deus, Rainha do mundo e Senhora nossa, Mãe da Igreja, Mãe do Perpétuo Socorro! Mostrai que sois nossa Mãe e fazei-nos dignos de ser vossos filhos! Advogada nossa, sois depois de Jesus toda a nossa esperança, nossa vida e salvação; sois o refúgio dos pecadores! Convertei-nos e ajudai-nos a vencer as tentações até a morte, vivendo em comunidade o amor fraterno. Mãe de Misericórdia, nós vos agradecemos todas as graças e benefícios, especialmente por nos terdes dado o Cristo Salvador, nosso Deus e nosso Irmão! Amém.

À SANTA MÃE DE DEUS E NOSSA

Virgem Maria, vem caminhar conosco!
Rosto materno e misericordioso do Pai,
Mãe da Igreja dos Pobres,
Mãe Educadora da Libertação do Povo,
Mãe Dolorosa pela sorte dos filhos, os pobres,
Mãe generosa com os filhos, para que tenham vida abundante,
Mãe anunciadora de uma boa notícia aos pobres,
Mãe presença feminina de acolhimento, amor e respeito,
Maria, mulher do campo, presença dos camponeses e dos sem-terra,
Maria, humana na prece de ternura, de dor e de esperança,
Maria, dom generoso, lúcido e permanente na defesa do povo,

Maria, cooperadora ativa da libertação integral,
Maria, contemplação feliz de nossa fé,
Maria, comprometida com a libertação,
Maria, extraordinariamente mulher! Pos isso, bendita!
Bendita, por ser menina e jovem!
Bendita, por ser noiva e esposa!
Bendita, por dar à luz nosso libertador!
Bendita, por ser virgem e mãe!
Por isso, Maria-mãe, em todas as gerações, serás sempre
"Bem-Aventurada"!

À SANTÍSSIMA VIRGEM
Santo Afonso Maria de Ligório

Santíssima Virgem Imaculada, Maria, minha Mãe, a vós que sois a Mãe de meu Senhor, a Rainha do mundo, a advogada, a esperança e o refúgio dos pecadores, recorro hoje eu, que sou o mais miserável de todos. A vossos pés me prostro, ó grande Rainha, e vos dou graças por todos os benefícios que até agora me tendes feito, especialmente por me haverdes livrado do inferno, por mim tantas vezes merecido. Eu vos amo, Senhora amabilíssima, e, pelo amor que vos tenho, prometo servir-vos sempre e fazer quanto possa para que de todos sejais servida. Em vós, depois de Jesus, ponho todas as minhas esperanças, toda a minha salvação. Aceitai-me por vosso servo e acolhei-me debaixo de vosso manto, ó Mãe de misericórdia! E, já que sois tão poderosa para com Deus, livrai-me de todas as tentações, ou impetrai-me forças para vencê-las até à morte. A vós suplico o verdadeiro amor a Jesus Cristo. De vós espero alcançar uma boa morte. Minha Mãe, pelo amor que tendes a Deus, eu vos rogo me ajudeis sempre, mormente no último instante de minha vida. Não me desampareis enquanto não me virdes já salvo no céu, a bendizer-vos e a cantar vossas misericórdias, por toda a eternidade. Assim espero. Assim seja.

À SENHORA DO SILÊNCIO – I
Inácio Larrañaga

Mãe do silêncio e da humildade, tu vives perdida e encontrada no mar sem fundo do mistério do Senhor. Tu és disponibilidade e receptividade. Tu és fecundidade e plenitude. Tu és atenção e solicitude pelos irmãos. Estás revestida de fortaleza. Resplandecem em ti a maturidade humana e a elegância espiritual. És senhora de ti mesma antes de ser nossa Senhora. Em ti não existe dispersão. Em um ato simples e total, tua alma, toda imóvel, está paralisada e identificada com o Senhor. Estás dentro de Deus, e Deus dentro de ti. O Mistério total te envolve e te penetra e te possui, ocupa e integra todo o teu ser. Parece que em ti tudo ficou parado, tudo se identificou contigo: o tempo, o espaço, a palavra, a música, o silêncio, a mulher, Deus. Tudo ficou assumido em ti e divinizado. Jamais se viu figura humana de tamanha doçura, nem se voltará a ver nesta terra uma mulher tão inefavelmente evocadora. Entretanto, teu silêncio não é ausência, mas presença. Estás abismada no Senhor e ao mesmo tempo atenta aos irmãos, como em Caná. A comunicação nunca é tão profunda como quando não se diz nada, e o silêncio nunca é tão eloquente como quando nada se comunica. Faz-nos compreender que o silêncio não é desinteresse pelos irmãos, mas fonte de energia e de irradiação, não é encolhimento mas projeção. Faz-nos compreender que, para derramar, é preciso preencher-se. Afoga-se o mundo no mar da dispersão, e não é possível amar os irmãos com um coração disperso. Faz-nos compreender que o apostolado, sem silêncio, é alienação, e que o silêncio, sem apostolado, é comodidade. Envolve-nos em teu manto de silêncio e comunica-nos a fortaleza de tua fé, a altura de tua esperança e a profundidade de teu amor. Fica com os que ficam e vem com os que partem. Ó Mãe Admirável do Silêncio! Amém.

À VIRGEM DO SILÊNCIO – II
Inácio Larrañaga
Ó Virgem Santa Maria, modelo das almas contemplativas, ensinai-nos a guardar o recolhimento no meio das agitações da vida. Preservai-nos, tanto da febre da atividade excessiva, como dos retraimentos do egoísmo. Que jamais o ruído das coisas que passam nos faça esquecer a silenciosa presença daquele que mora em

nós. Que jamais a fascinação das coisas visíveis afaste nosso coração dos esplendores escondidos do mundo invisível. Desenvolvei em nós o gosto do silêncio e ensinai-nos, a vosso exemplo, a fazer de nossa ação uma comunhão fiel com a vontade do Pai, para o humilde serviço de Jesus nas almas. Amém.

ROSÁRIO DE NOSSA SENHORA DO PERPÉTUO SOCORRO

Oferecimento: Ó Virgem do Perpétuo Socorro, um dom eu quero vos pedir *(apresente aqui seu pedido)*. Ofereço-vos este rosário, unindo-me aos méritos do Senhor Jesus Cristo, meu Salvador. Confio em vossa maternal assistência, vós que estais no céu cercada de anjos, iluminada pelo Sol da Justiça, coroada de flores, ornada de ouro do céu e da terra. Vinde, ó Mãe, socorrer-me!

Reze o Credo.

Nas contas grandes: Ó Mãe do Perpétuo Socorro, que estivestes ao pé da cruz de vosso Divino Filho, apressai-vos em socorrer-me!

Nas contas pequenas: Vinde em meu socorro, ó Mãe Caridosa!

SALMO À IMACULADA CONCEIÇÃO

Francisco Cerro Chaves

Senhora Imaculada, Mãe sem pecado,
doce formosura de um Deus
que te escolheu por mãe e te quis cheia de graça, não para te colocares à distância,

mas para melhor
te aproximares de todos.
Dá-nos teu amor, ó peregrina da fé.
Dá-nos tua esperança, companheira
inseparável de todos os caminhos.
Tu, imagem da Igreja, que recebes
toda a tua grandeza de Deus
e vives a cantar que o Senhor
fez maravilhas com
os humildes e pobres.
Graças, Imaculada, por teu sim
e por seres reflexo do amor
de Deus pela humanidade,
espelho que reflete com perfeição
o quanto o Senhor ama a todos. Amém.

LADAINHAS A NOSSA SENHORA

LADAINHA À IMACULADA CONCEIÇÃO

Tradução: Pe. José Luiz Majella Delgado, C.Ss.R.

Senhor, tende piedade de nós.
Cristo, tende piedade de nós.
Senhor, tende piedade de nós.
Jesus Cristo, ouvi-nos.
Jesus Cristo, atendei-nos.
Deus Pai, tende piedade de nós.
Deus Filho, Redentor do mundo, tende piedade de nós.
Espírito Santo, que sois Deus, tende piedade de nós.
Trindade Santa, que sois um só Deus, tende piedade de nós.

Filha imaculada de Deus Pai,
mãe imaculada de Deus Filho,
esposa imaculada do Espírito Santo,
templo imaculado da Santíssima Trindade,
rogai por nós.

Virgem imaculada entre todas as virgens,
virgem imaculada concebida,
virgem imaculada que triunfou do pecado,
virgem imaculada que esmagou a cabeça da serpente,
rogai por nós.

Imagem imaculada da Sabedoria de Deus,
aurora imaculada do sol de justiça,

arca viva e imaculada onde repousa Jesus Cristo,
caminho imaculado que conduz a Jesus,
rogai por nós.

Rainha imaculada do céu e da Terra,
porta imaculada da celeste Jerusalém,
dispensadora imaculada das graças de Deus,
rogai por nós.

Estrela imaculada do mar,
torre imaculada da Igreja militante
rosa imaculada entre os espinhos,
oliveira imaculada do campo místico do Senhor,
rogai por nós.

Modelo imaculado de toda perfeição,
causa imaculada de nossa felicidade,
coluna imaculada de nossa fé,
fonte imaculada de amor divino,
rogai por nós.

Sinal imaculado e verdadeiro de salvação,
modelo imaculado da mais perfeita obediência,
casa imaculada de pureza e de castidade,
luz imaculada dos sábios,
coroa imaculada dos patriarcas,
glória imaculada dos profetas,
rogai por nós.

Doutora imaculada dos apóstolos,
força imaculada dos mártires,

sustentáculo imaculado dos confessores,
rogai por nós.

Pureza imaculada das virgens,
alegria imaculada daqueles que esperam em vós,
advogada imaculada dos pecadores,
mãe e amparo imaculado da Igreja,
rogai por nós.

Cordeiro de Deus que tirais o pecado do mundo,
tende piedade de nós.
Cordeiro de Deus que tirais o pecado do mundo,
tende piedade de nós.
Cordeiro de Deus que tirais o pecado do mundo,
dai-nos a paz.

Rogai por nós, Santa Mãe de Deus,
para que sejamos dignos das promessas de Cristo.

LADAINHA AO IMACULADO CORAÇÃO DE MARIA

J. N. Newman

Senhor, tende piedade de nós,
Jesus Cristo, tende piedade de nós,
Senhor, tende piedade de nós,
Jesus Cristo, ouvi-nos,
Senhor Cristo, atendei-nos,
Deus Pai do céu, tende piedade de nós.
Deus Filho, Redentor do mundo, tende piedade de nós.
Deus Espírito Santo, tende piedade de nós.
Santíssima Trindade que sois um só Deus, tende piedade de nós.

Coração de Maria, rogai por nós.

Coração de Maria, segundo o Coração do próprio Deus, rogai por nós.

Coração de Maria, unido ao Coração de Cristo, rogai por nós.

Coração de Maria, vaso do Espírito Santo, rogai por nós.

Coração de Maria, templo da Santíssima Trindade, rogai por nós.

Coração de Maria, morada do Verbo, rogai por nós.

Coração de Maria, imaculado desde a criação, rogai por nós.

Coração de Maria, repleto de graça, rogai por nós.

Coração de Maria, bendito entre todos os corações, rogai por nós.

Coração de Maria, trono da glória, rogai por nós.

Coração de Maria, abismo de humildade, rogai por nós.

Coração de Maria, oferenda do Amor, rogai por nós.

Coração de Maria, pregado na cruz, rogai por nós.

Coração de Maria, consolo dos aflitos, rogai por nós.

Coração de Maria, refúgio dos pecadores, rogai por nós.

Coração de Maria, esperança dos moribundos, rogai por nós.

Coração de Maria, sede de misericórdia, rogai por nós.

Cordeiro de Deus, que tirais os pecados do mundo, perdoai-nos, Senhor!

Cordeiro de Deus, que tirais os pecados do mundo, ouvi-nos, Senhor!

Cordeiro de Deus, que tirais os pecados do mundo, tende piedade de nós!

V: Imaculado Coração de Maria, bondoso e humilde.

R: Fazei o nosso coração semelhante ao Coração de Cristo.

Oremos: Ó Deus de infinita misericórdia, que para a salvação dos pecadores e defesa dos infelizes fizestes o Coração de Maria tão semelhante em afável ternura ao Coração do próprio Cristo, fazei com que nós, que agora contemplamos a doçura e o amor do seu Coração, graças aos seus méritos e à sua intercessão, possamos sempre viver perto dos Corações da Mãe e do Filho. Pelo mesmo Cristo nosso Senhor.

Amém.

LADAINHA DE NOSSA SENHORA – I

Senhor, tende piedade de nós,
Jesus Cristo, tende piedade de nós,
Senhor, tende piedade de nós,
Jesus Cristo, ouvi-nos,
Jesus Cristo, atendei-nos,
Pai Celeste que sois Deus, tende piedade de nós.

Filho Redentor do mundo que sois Deus, tende piedade de nós.

Espírito Santo que sois Deus, tende piedade de nós.

Santíssima Trindade que sois um só Deus, tende piedade de nós.

Santa Maria, rogai por nós.
Santa Mãe de Deus,
Santa Virgem das virgens,
Mãe de Jesus Cristo,
Mãe da divina graça,
Mãe puríssima,
Mãe castíssima,
Mãe Imaculada,
Mãe intacta,
Mãe amável,
Mãe admirável,
Mãe do Bom Conselho,
Mãe do Perpétuo Socorro,
Mãe do Criador,
Mãe do Salvador,
Virgem prudentíssima,
Virgem venerável,
Virgem louvável,
Virgem poderosa,
Virgem clemente,
Virgem fiel,
Espelho de justiça,
Sede da sabedoria,
Causa da nossa alegria,
Vaso espiritual,
Vaso digno de honra,
Vaso insigne de devoção,

Rosa mística,
Torre de David,
Torre de marfim,
Casa de ouro,
Arca da aliança,
Porta do Céu,
Estrela da manhã,
Saúde dos enfermos,
Refúgio dos pecadores,
Consoladora dos aflitos,
Auxílio dos cristãos,
Rainha dos Anjos,
Rainha dos Patriarcas,
Rainha dos Profetas,
Rainha dos Apóstolos,
Rainha dos Mártires,
Rainha dos Confessores,
Rainha das Virgens,
Rainha de todos os Santos,
Rainha concebida sem pecado original,
Rainha assunta ao Céu,
Rainha do sacratíssimo Rosário,
Rainha da Paz,
Rainha e Padroeira do Brasil.

Cordeiro de Deus, que tirais os pecados do mundo, perdoai-nos, Senhor!

Cordeiro de Deus, que tirais os pecados do mundo, ouvi-nos, Senhor!

Cordeiro de Deus, que tirais os pecados do mundo, tende piedade de nós!

Oremos: Ó Deus, que fizestes a Mãe do vosso Filho, nossa Padroeira e Rainha, concedei que o povo brasileiro, fiel à sua vocação e vivendo na paz e na justiça, possa chegar, um dia, à pátria definitiva. Por nosso Senhor Jesus Cristo, na unidade com o Espírito Santo. Amém.

LADAINHA DE NOSSA SENHORA – II

Deus Pai do céu,
– tende piedade!
Deus Filho Redentor,
– piedade de nós!
Espírito Santo,
– tende piedade!
Santíssima Trindade,
– piedade de nós!

Santa Maria,
– rogai por nós!
Santa Mãe de Deus...
Mãe de Jesus Cristo...
Mãe da Igreja...
Serva do Senhor...
Virgem fiel...
Eleita do Senhor...
Filha predileta do Pai...
Bendita entre as mulheres...
Cheia de graça...
Templo do Espírito Santo...
Bem-aventurada...
Glória da humanidade...
Sinal da eternidade...
Rainha da esperança...
Rainha da paz...
Rainha do amor...

Que somos pecadores,
– lembrai ao Senhor
A humanidade inteira...
A fraternidade dos povos...
Os que vivem nas prisões...
Os que são perseguidos...
Os que são oprimidos...
Os que dirigem as nações...
Os que promovem a paz...
Os que morrem de fome...
Os que lutam pela justiça...
Os que anunciam o Evangelho...
Nossas missionárias e nossos missionários...

Cordeiro de Deus que tirais o pecado do mundo...
... Misericórdia! Piedade de nós!

LADAINHA DE NOSSA SENHORA – III
Deus, nosso Pai,
tende piedade de nós.
Jesus Cristo, nosso irmão,
tende piedade de nós.
Espírito Santo, Deus de Amor,
tende piedade de nós.
Santa Maria, Mãe de Deus,
rogai por nós.
Maria de Jesus Cristo e Mãe nossa,
Mãe do Salvador e Libertador,
Mãe cumpridora fiel da Palavra de Deus,
Mãe espelho da verdade e da justiça,
Mãe que carrega de bens os famintos e despede os ricos sem nada,

Mãe que destrona os poderosos e eleva os humildes,
Mãe dos pobres e oprimidos,
Mãe dos operários,
Mãe dos trabalhadores da roça,
Mãe dos ambulantes,
Mãe das empregadas domésticas,
Mãe dos encostados,
Mãe dos aposentados,
Mãe dos doentes,
Mãe dos menores abandonados,
Mãe dos tristes e aflitos,
Mãe dos que precisam de conversão,
Mãe dos governantes e chefes,
Mãe do Povo de Deus,
Rainha dos anjos, mensageiros e defensores,
Rainha dos Patriarcas, pais da nossa fé,
Rainha dos Profetas e catequistas reveladores de Deus,
Rainha dos Apóstolos, colunas da Igreja,
Rainha dos mártires, testemunhas de Cristo,
Rainha de todos os santos,
Rainha da Paz,

Cordeiro de Deus, que libertais o mundo do pecado, **perdoai-nos Senhor!**
Cordeiro de Deus, que libertais o mundo do pecado, **ouvi-nos Senhor!**
Cordeiro de Deus, que libertais o mundo do pecado, **tende piedade de nós!**

Oremos: Senhor Deus, nós vos suplicamos que concedais a vossos servos perpétua saúde; e que pela gloriosa intercessão da bem-aventurada sempre virgem Maria, sejamos livres da presente tristeza e gozemos da eterna alegria. Por Cristo, Senhor nosso. Amém.

LADAINHA DE NOSSA SENHORA – IV

Pai, amor infinito, que através de Maria, nos destes Jesus Cristo, tende piedade de nós.

Cristo, carne e sangue de Maria, tende piedade de nós.

Espírito Santo, que realizastes em Maria a maior obra-prima da graça, tende piedade de nós.

Maria, plenitude da graça...

Maria, aurora da salvação...

Maria, figura e modelo da Igreja...

Maria, Mãe amantíssima da Igreja...

Maria, guia do povo de Deus...

Maria, glória da graça divina...

Maria, guia dos humildes e dos pobres...

Maria, exemplo nas provações da fé...

Maria, associada a Cristo na incompreensão e na dor...

Maria, fiel a Cristo até o aniquilamento da cruz...

Maria, reflexo e espelho do mistério de Cristo...

Maria, Mãe de Cristo e Mãe dos homens...

Maria, oferenda total do amor...

Maria, Mãe de todos os irmãos em Cristo...

Maria, mediadora materna em favor da Igreja e da humanidade...

Maria, cooperadora de Cristo na obra da salvação...

Maria, Mãe do Senhor glorificado...

Maria, guia para a Eucaristia...
Cordeiro de Deus, nascido de Maria, tende piedade de nós.
Cordeiro de Deus, glória de Maria, tende piedade de nós.
Cordeiro de Deus, paz e reconciliação do homem, tende piedade de nós.

LADAINHA DE NOSSA SRA. APARECIDA

1. Senhora e Mãe Aparecida.
Maria, clamamos a vós!
Nos céus a Trindade vos louva.
Saúdam-vos todos os Santos.
Os coros dos Anjos repetem.
A Santa Igreja aclama.
Bendita sois entre as mulheres!
Lá nos céus.
Rogai a Deus por nós!

2. Sois Virgem a Deus consagrada.
Maria, clamamos a vós!
Maria, sois imaculada.
Vós sois Mãe de Deus feito homem.
Vós fostes aos céus elevada.
Vós sois Medianeira das graças.
Vós sois Mãe querida da Igreja!

3. Vós sois a Rainha da Pátria.
Maria, clamamos a vós!
Do povo sois Mãe e Padroeira.
Da fé sois fiel defensora.
Sois causa da nossa esperança.

Sois mãe do amor verdadeiro.
Sois fonte de toda virtude!

4. Ó Mãe, protegei nossos lares.
Maria, clamamos a vós!
Ó Mãe, aparai os idosos.
Ó Mãe, dirigi nossos jovens.
Ó Mãe, defendei as crianças.
Ó Mãe, convertei os que erram.
Ó Mãe, socorrei os que sofrem!

5. Vós sois o auxílio dos pobres.
Maria clamamos a vós!
Sois vós dos enfermos saúde.
Sois nosso perpétuo socorro.
Senhora, guiai os Romeiros.
Velai ela vossa cidade.
A todos lançai vossa bênção!

LADAINHA DE NOSSA SRA. DAS DORES
Senhor, tende piedade de nós.
Cristo, tende piedade de nós.
Senhor, tende piedade de nós.

Cristo, ouvi-nos.
Cristo, atendei-nos.

Deus Pai, que estais nos céus,
Deus Filho, redentor do mundo,
Espírito Paráclito,
Trindade Santa, Deus uno e trino.

Mãe de Jesus crucificado,
rogai por nós.

Mãe do coração transpassado,
Mãe do Cristo redentor,

Mãe dos discípulos de Jesus,
Mãe dos redimidos,
Mãe dos viventes,

Virgem obediente,
Virgem oferente,
Virgem fiel,

Virgem do silêncio,
Virgem da espera,
Virgem da Páscoa,
Virgem da ressurreição,

Mulher que sofreu o exílio,
rogai por nós.
Mulher forte,
Mulher corajosa,

Mulher do sofrimento,
Mulher da Nova Aliança,
Mulher da esperança,

Nova Eva,
rogai por nós.
Colaboradora na salvação,
Serva da reconciliação,

Defesa dos inocentes,
Coragem dos perseguidos,
Fortaleza dos oprimidos,

Esperança dos pecadores,
Consolação dos aflitos,
Refúgio dos marginalizados,

Conforto dos exilados,
Sustento dos fracos,
Alívio dos enfermos,

Cordeiro de Deus, que tirais o pecado do mundo, **perdoai-nos, Senhor.**
Cordeiro de Deus, que tirais o pecado do mundo, **ouvi-nos, Senhor.**
Cordeiro de Deus, que tirais o pecado do mundo, **tende piedade de nós.**

V. Rogai por nós, Santa Mãe de Deus.
R. Para que sejamos dignos das promessas de Cristo.

Oremos:
Ó Deus, por vosso admirável desígnio,
dispusestes prolongar a paixão do vosso Filho também nas infinitas cruzes da humanidade.

Nós vos pedimos:
Assim como quisestes que ao pé da cruz do vosso Filho estivesse sua Mãe,
da mesma forma, à imitação da Virgem Maria, possamos estar sempre ao lado dos nossos irmãos que sofrem, levando amor e consolo.
Por Cristo, nosso Senhor.

ORAÇÕES A NOSSA SENHORA EM OCASIÕES ESPECIAIS

À VIRGEM DO MEIO-DIA
Paul Claudel

É meio-dia. Vi a igreja aberta e senti vontade de entrar, Virgem Mãe de Deus. Venho apenas louvar-vos. Nada tenho a oferecer, nada a pedir-vos. Venho, somente, ó Mãe, para vos ver. Ver e chorar de felicidade; sabendo que sou vosso filho e que aqui estais. Nesta manhã, quando ouço o farfalhar das folhagens, nada quero dizer-vos: apenas contemplar vosso rosto e deixar meu coração cantar na sua própria linguagem. Sinto o coração muito cheio, por isso quero, como o sabiá, soltar meu canto nas mais variadas melodias! Quero louvar-vos, ó Maria, porque sois bela, porque sois imaculada, a nova Eva enfim restituída à graça, a criatura na sua honra primitiva, tal como saiu das mãos de Deus, e no seu desabrochamento final, porque sois a Mãe de Cristo, que é a verdade entre vossos braços, a única esperança e o único fruto; porque sois mulher, o paraíso da antiga ternura esquecida, cujo olhar encontra o coração a jorrar copiosamente lágrimas acumuladas; porque me haveis salvo; porque estais aqui e aqui estareis sempre! Agradeço, ó Mãe, ao nosso comum Criador, simplesmente porque existis e aceitais nossos louvores. Amém.

BÊNÇÃO PARA AS MÃES GESTANTES

D. – Ó Deus, ternura de paz, nós o contemplamos na gravidez de Maria e na gravidez destas nossas irmãs. Elas nos ajudam a esperar, com toda a criação que geme e sofre em dores de parto, a libertação e a adoção de filhos e filhas de Deus. Dê saúde a estas crianças que estão para nascer e tranquilidade às suas mães. Amém.

(Estendendo as mãos sobre as mães, reza:)

D. – Ó Deus, defensor da vida, confirme estas mulheres na fé e na missão de acalentar a vida que está para nascer.

T. – Amém.

D. – Que Ele as acompanhe sempre com o seu amor maternal.

T. – Amém.

NA FESTA DA AKÁTISTOS
Liturgia ortodoxa

Salve, ó vós, Virgem Maria,
por intermédio de quem surge a alegria
e desaparece a dor!
Salve, trono santíssimo daquele que está
sentado sobre os querubins!
Salve, clemência de Deus em favor
dos homens!
Salve, campo que produz abundância
de misericórdia!
Salve, vós que sois dos Apóstolos
a voz perene!
Salve, dos mártires a indômita coragem!
Salve, vós que sois a fonte dos santos
mártires,
o manancial das águas abundantes,

a vida do sagrado banquete.

A vós, ó Maria, erguemos nossos troféus
de vitória, porque por vós caem vencidos os nossos inimigos.

Salve, vós que sois remédio do nosso corpo e salvação da nossa alma!

Hino que se canta "não sentado", provavelmente do século 6º. O hino em honra de Maria vai marcado pelo número 12, talvez influenciado pelo símbolo da Mulher do Apocalipse (12,1), coroada com 12 estrelas.

ORAÇÃO DA CRIANÇA A MARIA
Pe. Flávio Cavalca de Castro, C.Ss.R.
Santa Mãe de Deus,
eu procuro sua proteção.
Que a Senhora me escute
e não me abandone em minhas necessidades:
livre-me sempre de todos os perigos.

ORAÇÃO DE MAIO – I
Frei Alberto Beckhäuser, OFM
Senhor Deus da vida, nós vos damos graças por podermos viver este belo mês de maio como ressuscitados em vosso Filho Jesus. Nele nos fizestes homens e mulheres pascais, mortos para o pecado e vivos para vós. Agradecemo-vos de coração, porque na celebração da Páscoa de vosso Filho aprendemos que a verdadeira vida passa pela morte e que podemos fazer com que a vida ressurja, quando imitamos os gestos de amor e

de cuidado pela vida, das santas mulheres da ressurreição. Conhecemos a nossa fraqueza. Concedei-nos seguir o exemplo da Mãe do vosso Filho como servos da vossa Palavra. Confiamos na ação do vosso Espírito. Fazei que nos prepararemos para acolhê-lo na Festa de Pentecostes, renovando a Crisma em nossa vida. Amém.

ORAÇÃO DE MAIO – II
Frei Albino Kops, OFM

Maria Santa, porque de Jesus Mãe venho rezar contigo neste mês todo teu! Louvo a Deus pela coragem do teu sim de jovem judia assumindo a missão-mistério mais desafiadora da história divino-humana: a encarnação do Deus Jesus Cristo. Sei, pois, ó Mãe nossa, que Deus nos contemplou através de ti e se fez graça, luz, presença, vida, salvação. Obrigado, Maria de Nazaré, pois a partir deste teu sim não há criatura que não te olhe como exemplo, espelho, inspiração de vida, como incentivo para um caminhar comprometido. Por isso, ó Virgem Mãe Aparecida, neste mês todo teu, nós te pedimos: ensina-nos a descobrir, a sinalizar, a vivenciar a presença do Teu Filho Jesus ressuscitado entre os homens! Amém.

ORAÇÃO DE MAIO – III
Frei Clemente Kesselmeier, OFM

Salve, Maria, em ti saudamos todas as mulheres, a mulher-jovem, a mulher-amiga, mulher-serva, mulher-noiva, mulher-companheira, mulher-esposa, mulher-mãe. Salve, Maria, mulher-pensada, mulher-querida, mulher-mística, mulher-preparada para acolher a Vida, mulher--solidária, mulher-decidida, mulher-fonte, mulher-jardim, mulher-imaculada, mulher-beleza, mulher-sorriso, mulher-vida, mulher-doméstica, mulher-vitória, mulher-esperança. Salve, Maria, de todas as Marias. Salve, Maria, revelação da mulher, revelação de Deus. Maria, Mãe de todas as mães, ensina-nos a rezar. Precisamos de tua graça para amar, de tua palavra para cantar, de teu silêncio para ouvir, de tua coragem para não desistir, de teu olhar para nos animar, de teu perdão para nos reconciliar, de tua presença para perseverar. Amém.

ORAÇÃO DOS BISPOS DO BRASIL, POR NOSSA PÁTRIA

Ó Deus, Pai de Bondade, nesta hora dolorosa e difícil, viemos confiantes fazer-vos esta prece pela nossa pátria.

— Preocupa-nos a situação do povo brasileiro, sobretudo dos mais pobres.

Afligem-nos a miséria, a fome e a marginalização de milhões de nossos irmãos. Angustia--nos ver que as justas aspirações do povo nem sempre são atendidas. Entristece-nos a falta de grandeza ética e dignidade moral na vida particular, no procedimento público e nos momentos graves de decisões nacionais.

— Pedimos, pois, vossa luz e vossa graça para governantes e governados unirem suas forças em busca do bem comum.

— Renovai os corações para que surjam homens e mulheres capazes de levar o Brasil à grandeza de seu destino, construindo uma sociedade fraterna e cristã, enraizada na justiça, na verdade e na austeridade. Isso vos pedimos pelos merecimentos de Jesus Cristo, vosso Filho e nosso Salvador e pela intercessão de Nossa Senhora Aparecida, Padroeira do Brasil. Amém.

ORAÇÃO MISSIONÁRIA
Deus e Senhor nosso,
quereis que todos
os homens e mulheres se salvem
e cheguem ao conhecimento da Verdade.
Olhai para a vossa Igreja
e enviai-lhe novos servidores e servidoras,
para que anunciem o Evangelho
a todas as nações.
Que todo o vosso Povo,
convocado por vossa Palavra
e sustentado pela graça batismal,
avance para águas mais profundas,
no caminho da caridade,
do serviço e da Missão.
Dai-nos o espírito missionário
de Cristo e de vossa Igreja,
a fim de conduzirmos
todo o Rebanho à luz do Evangelho.
Maria, Mãe dos missionários,
rogai por nós,
agora e sempre. Amém.
Pai-nosso; Ave-Maria; Glória ao Pai.

PARA OBTER UMA BOA MORTE

Ó Maria, concebida sem pecado, rogai por nós que recorremos a vós. Ó Refúgio dos pecadores, Mãe dos agonizantes, não nos desampareis na hora da nossa morte, mas alcançai-nos um sincero arrependimento de nossos pecados, uma grande esperança na misericórdia divina e uma digna recepção do santo Viático, para que possamos, seguros, apresentar-nos ante o trono do justo, mas também misericordioso Juiz, Deus e Redentor nosso. Amém.

PARA O MEIO-DIA

Ó Virgem dos céus sagrados,
Mãe do nosso Redentor,
qu'entre as mulheres tens a palma,
traze alegria à minh'alma
que geme cheia de dor;
e vem depor nos meus lábios
palavras de puro amor.
Em nome do Deus dos mundos
e também do Filho amado,
onde existe o sumo bem,
seja pra sempre louvado
nesta hora bendita. Amém.

PEDINDO UMA BOA MORTE
Santo Afonso Maria de Ligório

Ó Maria Santíssima, doce refúgio dos pobres pecadores; na hora em que minha alma sair do meu corpo, assisti-me com a vossa misericórdia, pela dor que sofrestes ao pé da cruz, presenciando a morte de vosso Filho. Afastai de mim os inimigos infernais e vinde receber minha alma, para a apresentardes ao eterno juiz. Ó minha Senhora e Rainha, não me desampareis. Depois de Jesus haveis de ser o meu conforto naquele terrível instante. Rogai ao vosso Filho, que pela sua bondade me conceda a graça de morrer abraçado aos seus pés e de entregar a minha alma nas suas santíssimas chagas, dizendo: Jesus, Maria e José, dou-vos o meu coração e a minha alma. São José, padroeiro dos agonizantes, rogai por mim. Amém.

PELA ACADEMIA MARIAL

Nossa Senhora da Conceição Aparecida, Maria de todos os nomes, protetora de nossa Academia Marial, cantada na arte e na literatura, de todos os povos e nações, Filha predileta do Pai, Virgem fiel, servidora da Palavra, discípula fiel do Senhor, mãe e modelo de fé, de esperança e de caridade, intercedei por nós para que possamos saber e viver cada vez melhor os mistérios da salvação e perseverar até o fim, dóceis ao Espírito Santo, no seguimento de vosso Filho Jesus. Amém.

PELOS ALCOÓLATRAS

Sob vossa piedade, santa Mãe de Deus, colocamos todos os doentes alcoólatras. Não desprezeis suas súplicas e as de seus parentes e amigos. Livrai-os de sua pertinaz doença. Conduzi-os a uma decisão interior e definitiva em busca da sobriedade, começando por vinte e quatro horas de abstenção das bebidas alcoólicas, com uma pessoal firmeza de vontade. Sozinhos, serão incapazes, ó piedade de Maria; que se convençam disso com humildade, buscando força na oração. Ilumine-os a luz do Espírito Santo. Entendam eles que Jesus é o caminho seguro e certo, capaz de levá-los ao sorridente abraço do Pai. Evitarão, assim, caminhar depressa para a morte, fazendo-os capazes de reconstruir a alegria de viver e de replantar a felicidade de seu lar. Olhai principalmente, ó piedade de Maria, por vosso filho (nome). Que vossa piedade, ó Maria, nos ajude a não criticá--los nem importuná-los sem antes entendermos sua doença. Dai-nos compreensão e paciência perseverantes para com eles. Fazei chegar por sobre eles e até nós, ó piedade de Maria, o amor e a bênção de Deus Pai, Deus Filho e Deus Espírito Santo. Amém.

PELOS ESTUDOS

Ó Senhora nossa, trono da sabedoria, quantos homens de inteligência medíocre fizeram, por meio de ti, admiráveis progressos nas ciências! Eu te escolho como defensora e padroeira dos meus estudos. Ilumina, com tua claridade, as obscuridades de minha inteligência. Afasta de mim as trevas do pecado e da ignorância nas quais nasci. Dá-me inteligência para compreender, memória para entender, método e facilidade para aprender, lucidez para interpretar e graça abundante para expressar-me, para melhor servir a teu Filho e a meus irmãos, os homens. Ajuda-me no começo de meu trabalho. Sê o meu guia. Coroa meus esforços. Alcança-me do Espírito Santo o dom da sabedoria. Amém.

PELOS QUE VIAJAM DE AVIÃO
João Paulo II, em Loreto (1979)

Senhor, nosso Deus, que "caminhais sobre as asas do vento", cuja glória é narrada pelos céus, nós vos bendizemos e vos glorificamos por todas as vossas obras, porque em vossa infinita sabedoria confiastes ao homem a incumbência de realizar coisas grandes e belas. Ouvi as preces que vos fazemos por intercessão de Nossa Senhora de Loreto. Que os aviões que sulcam os céus propaguem por toda a parte o louvor de vosso nome e sirvam aos homens para resolverem mais velozmente sua atividade laboriosa. Com vossa bênção, pilotos e técnicos, auxiliares de voo, ajam com habilidade e prudência a fim de que todos os que viajam de avião, vencido todo perigo, cheguem felizes à meta que os espera. Por Cristo, Nosso Senhor. Amém.

ORAÇÕES A NOSSA SENHORA PELAS VOCAÇÕES

À SENHORA APARECIDA PELAS VOCAÇÕES

Senhora Aparecida, a vós recomendamos uma intenção muito particular: as vocações sacerdotais e religiosas. Pois é dos sacerdotes e religiosos que depende a vida e santidade da Igreja; sem eles, a Igreja não pode continuar a Missão salvadora do vosso Jesus. Eles são o sal da terra e a luz do mundo, testemunhas do Evangelho, sinais e instrumentos de salvação para todo o Povo de Deus. Mãe da Igreja, convosco pedimos ao Pai mais operários para o Reino de Deus: homens e mulheres consagrados de modo especial ao serviço de Deus e dos irmãos. Santificai nossas famílias, para que sejam fonte de vocações sacerdotais e religiosas, e dai perseverança àqueles que se preparam para a sublime missão. Dai aos sacerdotes e religiosos fidelidade aos seus compromissos de doação e "perfeita caridade" e fazei que todos vivamos com responsabilidade a nossa vocação de batizados. Amém.

ORAÇÃO VOCACIONAL
João Paulo II

Maria, humilde serva do Altíssimo, o Filho que geraste tornou-te serva da humanidade. A tua vida foi serviço humilde e generoso: Foste serva da Palavra quando o Anjo te anunciou o projeto divino da salvação. Foste serva do Filho, dando-lhe a vida e permanecendo aberta ao seu mistério. Foste serva da Redenção, "estando" corajosamente aos pés da Cruz, ao lado do Servo e Cordeiro sofredor, que se imolava por nosso amor. Foste serva da Igreja no dia de Pentecostes e com tua intercessão continuas a gerá-la em cada crente, também nestes nossos tempos difíceis e angustiosos. A ti, jovem filha de Israel, que conheceste a inquietação do coração juvenil diante da proposta do Eterno, olha com confiança os jovens do terceiro milênio. Torna-os capazes de acolher o convite de teu Filho a fazer da vida um dom total para a glória de Deus. Fá-los compreender que servir a Deus sacia o coração, e que só no serviço de Deus e do seu reino, realizam-se segundo o divino projeto, e a vida se transforma num hino de glória à Santíssima Trindade. Amém.

PARA CONHECER A PRÓPRIA VOCAÇÃO

Eis-me a seus pés, Mãe querida, para lhe pedir a importante graça da escolha certa do meu futuro. Quero sempre e em qualquer situação cumprir a vontade do seu Filho. Desejo escolher o caminho que me satisfaça durante a vida e me dê a felicidade eterna na hora da morte. Ó Mãe do Bom Conselho, afaste toda dúvida de minha mente. Mãe do meu Salvador e minha também, se a Senhora não me comunicar um raio do Sol divino, as Luzes do Espírito Santo, uma gota da Sabedoria do Pai, quem irá me orientar? Ouça, pois, ó Maria, minhas humildes súplicas. Dirija-me pelo reto caminho que me conduzirá à vida eterna, pois a Senhora é a Mãe do Amor, do temor, do conhecimento e da esperança que produzem frutos de honestidade e honra.

Pai-nosso, Ave-Maria e Glória ao Pai.

PELAS VOCAÇÕES – I

Ó Deus, que não queres a morte do pecador, e sim que se converta e viva. Nós te suplicamos, pela intercessão da Bem-aventurada sempre Virgem Maria, de São José, seu esposo, do Beato Junípero Serra, e de todos os santos, que nos concedas um maior número de operários para tua Igreja, que, trabalhando com Cristo, se dediquem e sacrifiquem pelas almas. Por Jesus, na unidade do Espírito Santo. Amém.

PELAS VOCAÇÕES – II

Ó Mãe do sumo sacerdote Jesus Cristo, queremos agora falar bem de perto ao vosso coração de Mãe. Sinceramente vos agradecemos porque trouxestes Jesus, nosso caminho, nossa vida, a verdade que ilumina. Maria, Mãe da Igreja, quem continuará esta presença de Deus entre nós? É pelos continuadores de vosso Filho que agora pedimos: Que tenhamos sacerdotes santos, para que possamos viver a presença de Deus, o amor, a paz e a salvação. Alcançai-lhes uma fé inabalável como a rocha, que os leve a viver com felicidade seus compromissos com Deus e a Igreja. Convosco pedimos ao Pai, por Jesus Cristo, mais operários para a messe do Senhor; e também homens e mulheres consagrados ao serviço do Reino de Deus na vida religiosa. Que as famílias cristãs saibam educar seus filhos para o amor de Deus e do próximo e os ajudem a descobrir e a seguir a própria vocação. Dai perseverança aos seminaristas e aos que procuram ser fiéis a Deus que os chama. Ao dar a vida a cada ser humano, o Senhor o convoca para uma missão de amor, de doação pessoal de serviço a Deus e ao próximo. Ajudai-nos, ó Mãe do Perpétuo Socorro, a viver com responsabilidade nossa vocação de batizados. Amém.

PELAS VOCAÇÕES – III

Senhor da Messe e Pastor do Rebanho, faz ressoar em nossos ouvidos teu forte e suave convite: "Vem e segue-me". Derrama sobre nós teu Espírito, que ele nos dê sabedoria para ver o caminho e generosidade para seguir tua voz.

Senhor, que a Messe não se perca por falta de operários. Desperta nossas comunidades para a Missão. Ensina nossa vida a ser serviço. Fortalece os que querem dedicar-se ao Reino na vida consagrada e religiosa.

Senhor, que o rebanho não pereça por falta de operários. Sustenta a fidelidade de nossos bispos, padres e ministros. Dá perseverança a nossos seminaristas. Desperta o coração de nossos jovens para o ministério pastoral em tua Igreja.

Senhor da Messe e Pastor do Rebanho, chama-nos para o serviço de teu povo. Maria, Mãe da Igreja, modelo dos servidores do Evangelho, ajuda-nos a responder SIM. Amém.

LER A BÍBLIA QUANDO

Há um texto bíblico para cada situação, para cada ocasião. Porque os autores sagrados são pessoas que passaram, como nós, pelas mais diferentes condições e retrataram nos textos inspirados os seus sentimentos.

Vão aqui algumas sugestões para você aplicá-las às diversas situações que encontra na vida.

- Somos perseguidos ou caluniados: Sl 10; 12; 120; 140; Jr 20,7-13; Mt 10,17-25
- Somos tentados: Sl 73; 141; Dt 8,1-16; Mt 4,1-11; Tg 1,12-15
- Estamos profundamente arrependidos: Sl 51; Jó 42,1-6; Lc 15,1-32; 1Jo 3,3-24
- Não sabemos que rumo tomar: Sl 1; Dt 30,15-20; Mq 6,1-8; Jo 3,1-21; Rm 7,14-25
- Achamos a vida inútil e sem sentido: Sl 90; Ecl 4,1-12; Lc 24,12-35
- Estamos revoltados contra a injustiça e a opressão: Sl 58; 94; 101; Is 33,1-6; Hb 2,5-20; Jo 10,1-21
- Sentimos dificuldades em perdoar alguém: Sl 130; Jn 1,3; Mt 18,23-35; 1Cor 13,1-13
- Deus nos parece distante: Sl 139; Mt 6,25-34; Fl 4,4-9
- Necessitamos de confiança e refúgio: Sl 3; 27; 42; 56; 61; 63; Dt 32,1-4; Mt 11,28-30

- Achamos que não adianta rezar: Sl 4; 6; Lc 11,1-13; Jo 17
- Estamos doentes: Sl 38; 88; 102; Tg 5,11-15
- Conseguimos sair vitoriosos numa dificuldade ou reivindicação: Sl 18; 118; Êx 15,1-21; Jt 16,1-17; Is 42,10-17
- Queremos agradecer: Sl 40; 113; 138; Dn 3,57-88; Lc 1,46-55; Ap 15,3-4
- Vamos participar do culto na igreja: Sl 15; Is 1,10-20; Lc 18,9-14; Tg 2,14-26

QUANDO REZAR OS SALMOS

Há um salmo para cada situação, para cada ocasião. Porque os autores deles são pessoas que passaram, como nós, pelas mais diferentes condições e retrataram nos Salmos os seus sentimentos. Vão aqui algumas sugestões para você aplicar os Salmos às diversas situações que você encontra na vida.

Para pedir sabedoria: 1, 24
Quando me sinto oprimido: 2
Quando estou confiante: 3, 15, 22, 27, 39, 40, 45, 126, 129, 130
Para descansar em Deus: 4
Na insegurança: 5
Quando estou arrependido: 6
Na perseguição: 7, 82, 139

Louvando a Deus: 8, 18, 28, 32, 35, 47, 64, 75, 91, 95, 98, 107, 110, 112, 116, 134, 135, 137, 148, 149, 150

Para me alegrar em Deus: 9

Na aflição: 10, 55, 59, 63, 73, 78

Pedindo proteção: 11, 16, 19, 53, 58, 90, 120, 124

Buscando refúgio: 12, 34, 56, 60, 61, 141

Na descrença: 13, 52

Para bem agir: 14, 33, 36, 38, 48, 74, 100, 111

Para dar glória a Deus: 17, 65, 76, 86, 92

Para agradecer: 20, 29, 66, 102, 106, 114, 115, 123, 125, 128

No sofrimento: 21, 68

Na presença de Deus: 23, 83, 138

Pedindo justiça: 25, 57, 71, 81, 93, 108

Para pedir a esperança: 26

Procurando abrigo: 30

Pedindo perdão: 31, 37, 50

No desânimo: 41

Quando estou abatido: 42, 101

Na angústia: 43, 87, 142

Para festejar: 44, 80

Na alegria: 46

Para uma religião pura: 49

Diante do mal: 51

No perigo: 54

Em busca de Deus: 62

Celebrando o passado: 67, 77, 88, 104, 105, 136

Pedindo socorro: 69, 140

Na solidão: 70

Na incerteza: 72
Pedindo salvação: 79
Pedindo a paz: 84, 119
Na provação: 85
Para pedir graças: 89, 143
Começando a rezar: 94, 99
Na alegria: 96, 97, 145, 146, 147
Olhando o mundo: 103
Celebrando a salvação: 109, 113, 117, 131
Para seguir a voz de Deus: 118
Para abençoar a família: 127
Vivendo a fraternidade: 132
Oração da Noite: 133
Pensando na vida: 1, 5, 6, 15, 19, 26, 36, 37, 38, 40
Olhando o mundo: 2, 13, 21, 22, 23, 28, 33, 36, 39
Começando o dia: 2, 6, 9, 11, 15, 30, 34, 37, 38, 40
Acabando o dia: 3, 9, 10, 16, 18, 20, 35
Pedindo ajuda: 4, 7, 12, 24, 31, 40
Voltando a Deus: 8, 10, 13, 18, 24, 35
Confiando em Deus: 9, 12, 15, 16, 25, 27, 28, 29, 36
Louvando o Senhor: 14, 17, 21, 22, 32, 41
Precisando de alegria: 24, 31, 42
Cantando a alegria: 25, 30, 32, 37, 41

ÍCONES DE NOSSA SENHORA

 N. Sra. do Perpétuo Socorro

 N. Sra. de Fátima

 N. Sra. Aparecida

 Madona de Santo Afonso

 N. Sra. das Graças

N. Sra. do Carmo

N. Sra. Mãe Rainha

 N. Sra. da Luz

N. Sra. da Imaculada Conceição

 N. Sra. de Guadalupe